日本人のキャリアの新・ルール

転職2.0

村上臣

Shin Murakami

SB Creative

はじめに

キャリアの常識が180度変わった

「今の仕事にやりがいはあるけど、上司とのそりが合わない……」

「会社の方針に疑問を感じてきたけど、転職して次の会社がブラックだったらどうしよう……」

「給料はいいし将来安泰な会社だけど、裁量が少なくてやりがいがない……」

「こんな会社もう嫌だ。けど、自分のやり方が次の会社と合わなかったらどうしよう……」


やりがい、年収、人間関係、ワークライフバランス、会社の将来性、働く環境……。

何かを得ると何かを失う。転職とは〝トレードオフ〟なもの。だから、何かしら会社に〝不満〟があっても、我慢して働くのが仕事というもの……。

そう自分に言い聞かせ、心をすり減らしながら日々悶々と働いている人を、これまでたくさん見てきました。

しかし、新しいメガトレンドの登場によって、日本人を取り巻く環境は大きく変わりました。

そんな新時代には、「正しい転職の価値観」と「正しい転職の方法論」を知れば、これまでの経歴に関係なく誰もが、我慢の必要のない〝望み通りのキャリア〟を手にすることができる。

本書で私がお伝えしたいメッセージを簡潔に言うとこのようになります。

我慢しながら働く時代はもう終わった

「転職とはトレードオフ」「何か不満があっても我慢するのが仕事」という思い込みを払拭し、誰もが自分らしく働ける世の中にしたい。そのような想いで、私はリンクトイン日本代表として日々、情報発信をしています。

これまで数多くの方々からのキャリア相談に答え、さらにメディアや講演などにも頻繁にお声がけいただき、キャリアについてお話をさせていただきました。

総合職として採用し、転勤や異動などを通じて多様な仕事を経験させる――。ご存じの通り、このような終身雇用を前提とした日本型雇用は崩壊を迎えつつあり、徐々にジョブ型雇用（営業職、経理職などの職種を特定して採用する方法）が増加しています。

つまり、日本も欧米型の雇用に近づきつつあるということです。

そのような中、アメリカの人材系ビジネスの最前線を走るリンクトインの日本代表として、日本のビジネスパーソンがこれから迎える激動の雇用環境を生き抜くための「最先端のキャリア・働き方の情報」を日本に届けるのが私のミッションです。

さて、話をもとに戻しましょう。先ほど私は「新時代では誰もが望み通りのキャリアを手にできる」と申し上げました。そう言えるのはなぜなのか。主な要因は、先ほども申し上げた終身雇用の崩壊です。

かつての日本は、会社が一生守ってくれるのが当たり前でした。そのため個人よりも会社の立場が強く、個人は会社のために尽くすものとされました。どのようなキャリアを積んでいくかという「個人のキャリア形成」でさえも会社が握っており、自分でキャリアが決められないわけですから、何か会社に不満があっても我慢して働かざるを得なかったのです。

しかし、ポスト終身雇用時代の今、会社があなたを一生守ることはありません。そこに労働人口の減少も相まって、個人と会社の立場は逆転。会社に握られていたキャリアの意思決定権は個人のもとに戻り、自分次第でキャリアも働き方も選べる時代になったのです。

転職のOSをアップデートし、「望み通りのキャリア」を手にする

そのような自分でキャリアを選べる時代に、実際に望み通りのキャリアを手にするためには、キャリアに対する考え方のOSを根本的に入れ替え、「転職1.0」から「転職2.0」にアップデートする必要があります。そのような新しい転職のパラダイムを提示するのが本書の目的です。

では、転職2.0とは何か。その詳細は第1章に譲りますが、ここで転職2.0の軸のみお話しすると、これまでの転職1.0とはそもそもの「目的」が異なるという点です。

転職1.0では「1回の転職の成功」自体を目的としていました。確かに、ほとんどの会社が終身雇用を採用し、転職をしてもせいぜい一度という時代には、1回の転職に成功する

転職2.0とは?

これからの転職に求められる思考・行動様式

	転職1.0	転職2.0
目的	1回の転職の成功 (転職=目的)	自己の 市場価値最大化 (転職=手段)
行動	情報収集	タグ付けと発信
考え方	スキル思考	ポジション思考
価値基準	会社で仕事を選ぶ	シナジーで 仕事を選ぶ
人間関係	人脈づくり (狭く深く)	ネットワークづくり (広くゆるく)

ことに大きな意味がありました。

しかし、会社の寿命よりも個人の労働寿命のほうが長くなり、人が職業人生において何度も転職を経験するのが当たり前になるこれからの時代は、転職の目的は転職自体であってはなりません。上位の目的は「自分株式会社の時価総額の最大化」であり、転職はその手段と捉え直すべきだというのが、転職2.0の軸になります。

その意味で、短期志向であり、場当たり的であった転職1.0に対して、転職2.0は戦略的であり、逆算型です。また当然、目的が変われば、「行動」「考え方」「価値基準」「人間関係」も変わってきます。

なお、念のため付け加えておきますと、「自分株式会社の時価総額」というのは、すなわち「自分の市場価値」という意味です。キャリアの意思決定権が個人にある時代には、自分を会社と見立て、自分株式会社を適切に経営していく。そのような意識が重要と考え、私は常々このような表現をしています。

そして、さらに付け加えておきたいのは、自分の市場価値が最大化されるということは、当然景気に左右されず常に評価されることになりますので、一生生き残り続けられることにもつながるのです。

転職には方法論がある

「でも私、強みも実績もないんです……」

先日、ある方からキャリア相談を受けたときのことです。彼女にこれからの転職の在り方について話すと、このような回答が返ってきました。実際、彼女と同じ悩みがあるがゆえに、なかなか転職に踏み出せない人は多いのではないでしょうか。

しかし、安心してください。断言しますが、ないのではなく、自分の強みや実績を明確にするための方法を知らなかっただけです。転職2.0の最大の特長は、何より「方法論」に落とし込んでいる点にあります。しかも、その多くが誰でもすぐできるけど日本人の99％はやっていないもの。つまり、やるだけで読者の皆さんは周りに差をつけることができるのです。

ここで具体的にイメージしてもらうためにフレームワークを1つ紹介しましょう。先の女性の例に戻れば、私が彼女にした助言は以下の2つです。

①自分のこれまでのキャリアを「ポジション」「スキル」「業種」「経験」「コンピテンシー」に分解すること
②分解したらそれぞれを掛け合わせて、その掛け合わせの中に自分の希少性を知ること

それから4カ月後、彼女の表情は目に見えて明るくなっていました。いわく、自分の希少価値がわかったことで、ついに転職を果たしたのだそうです。もともとスマートだった彼女は、今の会社で何の不満もなく働けており、より一層力を発揮し活躍しているようです。

彼女に伝えたのは「タグ付け」という方法ですが、本書では自分株式会社の時価総額を高める新時代の転職のフレームワークを多数紹介していきます。

それでは、早速本論に入っていくことにしましょう。

まず第1章では、転職2.0が転職1.0とどう違うのかを、「目的」「行動」「考え方」「価値基準」「人間関係」の5つのキーコンセプトを提示しながらより詳細に解説していきます。

変わらないことのほうがリスクの時代。本書の内容が、一つでもあなたの人生にプラス

になるなら、これ以上の喜びはありません。

２０２１年４月

リンクトイン日本代表　村上臣

※本書の内容は個人的な見解や意見であり、所属する会社の公式な見解や意見ではございません。

第2章 自己を知る
——「情報収集」から「タグ付けと発信」へ①

第3章 自己を高める——「情報収集」から「タグ付けと発信」へ②

第4章

業界を見極める
——「スキル思考」から「ポジション思考」へ

第5章 会社を見極める
――仕事は「会社」でなく「シナジー」で選ぶ

第6章 広くゆるいつながりをつくる
――「人脈づくり」から「ネットワークづくり」へ

第7章 転職を考えることは人生を考えること

第1章

望み通りのキャリアを手にする「転職2.0」とは?

誰もが〝我慢しない働き方〟が手に入る時代

自分をだまし、心をすり減らしながら働く人たち

「転職して、せっかくいい会社に入ったはずなのに、なんだか毎日が満たされません。本当にこれでいいんだろうかって考えてしまうことがあるんです」

最近私は、ある若者からこんな悩みを打ち明けられたことがあります。

彼は現在、そこそこ有名な会社で営業の仕事をしています。新卒時の就活では、誰もが

知る一部上場企業を中心に、さまざまな会社にエントリーしたものの、あえなく不採用。どうにか内定をもらった中小メーカーに入社し、営業部で3年間コツコツと経験を積みました。

そして満を持して転職活動をスタートし、名のある会社に入社することができました。入社当時はとても嬉しくて、意気揚々と働き始めたのですが、しばらくすると、心の中にちょっとした違和感が芽生えてきて、それが時間とともに膨らんできたというのです。今は、睡眠不足なわけでもないのに、常に目がうつろです。

彼は、こうも言いました。

「最近、会社の方針に疑問を感じてきて……。入社前に思い描いていた理想とは違っていたんです。正直言うと、あまり仕事にやりがいを感じられません。でも、転職で給料が上がっただけで御の字ですよね。有名企業で職場環境もいいんだし、何でも欲張ろうとするほうが間違ってますよね？」

私には、彼が悩みを打ち明けているというより、現状に納得するための同意を求めているように見えました。

「希望した会社に転職できたのだから、あんまり欲張っちゃいけないよ。まあ、今の環境であと3年頑張ってみて、そこから考えるのがいいと思うよ」

そんなアドバイスをしたら、素直に受け入れて、おとなしく元の日常に戻っていったかもしれません。しかし、それは私の考えとは大きく隔たっていますし、本当に彼のためになるアドバイスとも思えません。

そこで、あえて彼が予想もしないような言葉をかけることにしました。

「いや、本当にやりたいことを実現したほうがいいと思うよ。まずは自分が目指す理想像を明らかにすること。そして、やりがいとか年収とか、会社の将来性とか環境とか、すべてを満たすような次の転職に向けて行動したほうがいい。きっと実現できるから」

彼はビックリしたような表情をしていました。でも、彼はただ知らないだけであって、すでに誰もが我慢しない働き方が手に入る時代は到来しています。何にも我慢せず、望み通りのキャリアを手にできる。私はそれを、多くの人に知ってほしいと考えているのです。

キャリアの意思決定権があなたのもとに戻ってきた

一昔前、日本の会社で終身雇用が機能していた時代は、「いい会社に入れば、一生安泰。会社が人生を守ってくれる」と考える人が多数派でした。

新卒で入社しさえすれば、会社が手厚い研修を用意し、さらに異動も会社が決めることで、「個人のキャリア形成」でさえ、会社が決めていたのです。

会社が個人よりも立場が強く、さらに個人にキャリアの意思決定権がないわけですから、「この会社ワークライフバランスが悪くて嫌だな……」「嫌な上司の下で働くのはツラい……」「さすがに給料安すぎる……」などと思っても、受け入れる以外何もしようがありませんでした。

ところが、ここに来て状況は大きく変化しています。

今は名だたる企業のトップ自らが「もはや終身雇用は維持できない」と公言する時代です。すでに働く人のほとんどが、「会社は一生面倒を見てくれない」と気づいています。

「会社が個人より立場が強い」という今思えば〝特殊な構造〟はもうなくなりました。

さらに、現在はすでに多くの企業で社員研修の期間が短期化しつつあり、大企業でさえ社員に手厚い教育を施す余力を失っています。

そうなると、これからのキャリア形成の意思決定権は会社ではなくて、個人に移行します。個人が自分のキャリアに責任を持つ代わりに、「どのように働きたいか」という目標を自ら設定し、自分で実現できる時代になっているのです。

そもそも、本当に楽しくやりがいのある仕事をしているときと、我慢しながら仕事をやらされているときでは、発揮できるパフォーマンスには大きな差があります。社員が我慢しながら働いても、十分なパフォーマンスは発揮できません。

本来、もっとパフォーマンスを発揮できるはずの人が、我慢しているがゆえに生産性を低下させているのだとしたら、会社のためにもなりません。

それに気づいた会社は、生産性を高めるためにも社員個人の働きやすさを重視する方向へと舵を切り始めました。働き方改革や女性活躍、ダイバーシティの取り組みを熱心に進めているのも、そういった意図によります。

つまり、「何かしら会社に不満があっても我慢して働かなければならない」というのは、かつての日本の常識を引きずってしまっているがゆえの思い込みで、自分次第で我慢せずに働ける状況は整ってきているのです。

転職のOSをアップデートせよ

私がヤフーで働いていた時代に、当時の上司であり代表取締役社長だった宮坂学（現東京都副知事）さんは、社員に対して「株式会社俺」の意識を持つことの大切さを頻繁に語っていました。

「株式会社俺」とは、自分にとっての幸せが最大限になるように、自分自身の経営者になるということ。宮坂さんは自分という会社に「会社事業部」「家族事業部」「アウトドア事業部」といった事業の柱を持っていて、「株式会社俺」の時価総額は幸せの総量で表されると語っていました。

仕事は大事だけど、それだけで幸せになることはできない。家族や友人などのステークホルダーが存在する中で、バランスを取りながらトータルとして幸せになることが大切だというわけです。

面白い考え方であり、非常に感銘を受けたのを覚えています。

宮坂さんの考えにならって、私自身も「自分株式会社」というものを意識しながら人生を歩んできました。転職をするときにも、趣味の活動をするときにも、自然のうちに自分株式会社の時価総額を念頭に置いてきたように思います。

今、時を経て、この「株式会社俺」の視点で働くという発想が当たり前になってきたと思います。

前述したように、個人の働き方は自分主体へと徐々に変わりつつあります。会社の言う通りに従う受け身の働き方から、「自分がどうすれば幸せになれるか」を能動的に考える働き方へと移行しています。

個人は、自分の市場価値を高めることに注力し、市場価値を高める手段として「転職」を積極的に活用するという発想が求められるようになります。

転職は「ゴール」ではなく、あくまで手段ということです。

「自分主体」と言うと、他人の迷惑をかえりみない自己中心的な転職をイメージする人もいます。残念ながら、まだまだ日本では自分主体の転職と、いわゆるジョブホッパーとが同列に扱われてしまう空気があります。

しかし、本書で提案しているのは自分の幸せと会社の幸せ、そして社会の幸せを並立させるための転職です。「会社あっての個人」という価値観から抜け出し、会社と個人のためになるような転職へとアップデートする。そうすれば、圧倒的に仕事をするのが楽しく、幸福感を実感できるようになります。

本書では、このアップデートした転職の価値観を、従来型の「転職1.0」に対する「転職2.0」と位置づけています。

以降のページでは「転職2.0」のコンセプトについて、5つのキーコンセプトに基づいてご紹介するとともに、転職2.0の2つの特長についてもお伝えしていきます。

キーコンセプト①目的

転職は自分の市場価値を高める「手段」と考える

転職1.0 ▶「1回の転職での成功」を目的とする

転職2.0 ▶ 転職を「自己の市場価値最大化のための手段」と考える

市場価値向上に最もインパクトを与えるのが「転職」

仕事は需要と供給の関係で成立するものであり、望み通りのキャリアを手にするためには、市場を意識し、自分の市場価値の最大化を図る必要があります。

自分の市場価値の最大化に大きなインパクトを与えるのが「転職」です。転職は、自分の市場価値を高めるための手段の一つでもあるのです。

人々が「会社ありき」で働いていた時代には、転職における最大の関心事は「いい会社に転職できるかどうか」でした。大事なのは1回の転職で成功することであり、幸せな人生を送る上で、転職は目的化していました。

しかし、今は人生100年時代であり、人の労働寿命は着実に延びています。

これまで会社員は就職してから約40年で定年を迎えていましたが、今後はもしかすると40年が折り返し地点になるかもしれません。20歳から働き始め、キャリアの途中で大学院などで学び直したりしながら、80年近く働き続ける世界が当たり前になる可能性も指摘されています。

会社の平均寿命も考えると、労働人生の中で2回、3回、4回……と転職するのが当たり前になることが予想されます。

転職をしてもせいぜい一度という時代には、その一度の転職で一気に年収を上げることにも意味がありました。要するに「とにかく何でもいいから入った者勝ち」「入社してしまえば後でどうにでもなる」という発想です。

特に日本の会社は、2～3回の面接だけで採用を決定してしまうケースが多いので、多少ハッタリを使っても面接さえ通過すれば入社することは可能です。

しかし現在は、ミドルを中心に、目先の年収につられて一度の転職で大きな果実を得ようとして、痛い目を見る人が後を絶ちません。

「年収が1・5倍になる」
「年収〇〇万円以上を保証」

こういった好条件につられて、具体的な仕事の内容をよく理解しないまま入社した結果、仕事が合わなかったり、職場の雰囲気が最悪だったりして、1年以内で再就職を余儀なくされるケースが多発しているのです。

これでは採用する会社も入社する個人も不幸であり、仲介する転職エージェントが潤うだけです。

しかも今はソーシャル時代であり、入社時ウソをついてもSNSなどのつながりを通じてすぐにバレるだけでなく、ウソをついて転職したと見なされたら覆すのは至難の業。2度目以降の転職にマイナスになるかもしれません。

やはり、一度の転職を目的にするよりも、転職のたびに確実に成果を出してキャリアアップをしていくという発想が重要です。繰り返しますが、転職はあくまでも自分の市場価値を上げる手段の一つなのです。

大事なのは「ある期間に成し遂げたいこと」を明確にすること

今後、プロジェクトベースの働き方が一般化すれば、プロジェクトごとにどんな成果を出せたのかが問われるようになります。出したインパクトの大きさに応じて給料が決まっていくことになるでしょう。

もちろん、転職をしないまま同じ会社で成果を出してポジションを上げていくのも一つの方法ですが、転職を繰り返していく働き方も当たり前になっていくでしょう。

転職の回数が多いからといってネガティブに受け取られることもなくなっていくはずです。

大事なのは、自分自身が世の中でどんな貢献ができるかを考えること。特に、一定の期間に何を成し遂げることができたかどうかが問われるようになるため、個人は常に「一定の期間内で成し遂げたいこと」を明確化しておく必要があります。

同時に、転職者を受け入れる側である会社の意識も変わらなければなりません。単純に「忙しくて人が足りないから採用する」ではなく、「この金額で、これだけの期間内にこういう仕事をしてほしい」と明示し、それを履行できる人を採用し、約束した期間はサポートすることが求められます。

個人と企業のマインドが変われば、半年や1年という短期間で成果を出し、次々と転職を繰り返す人が現れるかもしれません。そういう人が会社から認められる風潮が定着すれば、転職をするたびに名声が上がり、待遇がよくなる可能性もあり得ます。これこそ、まさに転職が自分の市場価値を最大化する手段となった状況と言えるでしょう。

キーコンセプト②行動

「タグ付け」で自分の希少価値を高める

転職1.0 「情報収集」をする
転職2.0 「タグ付けと発信」をする

いくら情報を集めてもあなたの価値は高まらない

「転職1.0」で転職をする際の行動として重視されていたのは情報収集です。

ここでいう情報とは、いわゆる転職サイトや転職エージェントなどから得られる情報のこと。確かに、転職を考える人が得られる情報は、一昔前と比較すると格段に増えています。

例えば、転職サイトには会社ごとに現役社員や元社員の口コミが掲載されており、社風や仕事のやりがい、福利厚生や評価制度などについてのレビューを見ることができます。

そういった情報をチェックする行為が無意味だとは思いません。ある程度は参考になることも多いと思います。ただし、転職サイトや転職エージェントから得られる情報は、あくまでも間接情報です。今現在その会社で働いている人から得られる一次情報よりも正確性や質の面で劣るのは否めません。

間接情報には、そもそも何らかのバイアスがかかっていると見るべきです。

元社員の口コミにしても、その人がなぜ退職したかによって、在籍していた会社に対する評価は大きく変化するはずです。円満退社した人は過大評価するかもしれませんし、不本意な形で退職した人は過小評価するかもしれません。

また、10年以上前に在籍していた人の口コミなどは、時代の変化を考えれば、ほとんど参考になりません。

仮に、元社員の「社風が自分と合わない」という退職理由が正しかったとしても、他の人にはその会社の社風が合う可能性はあります。

上から与えられた仕事を確実にこなしていくのが好きな人にとっては、プロジェクトベースで働くのは苦痛に他なりません。一方、プロジェクトベースで大きな成果を出すことに達成感を感じる人にとっては、前者の働き方は退屈そのものです。

人によって働き方の価値観はさまざまだということです。

いずれにせよ、転職活動をするときだけ必死に情報収集をして転職する手法は、20代前半までは運良くキャリアアップにつながっても、自分の市場価値を高めることにはほとんどつながりません。そのため、情報収集力だけを頼りに転職する手法は、年齢を重ねるごとに通用しなくなります。

結果的に、ヒマさえあれば転職サイトをチェックし、結局は我慢しながら今の会社で働き続けるということになりかねないのです。

市場価値を高める＝タグ付け

転職に向けた行動として、「転職1.0」で重視されたのが間接情報を得ることだったのに対し、「転職2.0」で重視されるのが「タグ付け」と「発信」です。この「タグ」が市場価値を高めるための軸となるからです。

「タグ（tag）」とは、「荷札」「付箋」といった意味の単語であり、ウェブの世界では情報を分類するための単語や短いフレーズなどを指します。読者の皆さんも「インスタグラムの投稿にタグ（ハッシュタグ）をつける」といった文脈で日常的に使っている言葉だと思います。

「タグ付け」とは、一言で言えば、働く個人にタグを付けるということ。個人を想起させるためのフックとなるキーワードをつけるイメージです。

経営チーム強化コンサルタント、ヘッドハンターの岡島悦子さんが、以前からキャリア開発の分野で「タグ（強み）探し」の重要性を語られていましたが、今やタグという言葉は日常的に使われるようになりました。

ツイッターやインスタグラムの投稿にハッシュタグがつくことで、あるカテゴリーの情報が横串で検索できるようになります。それと同様に、個人にタグが付けば、自分以外の人から認知してもらいやすくなります。

わかりやすいように、具体的なロールモデルをもとに解説していきましょう。

31歳、男性Aさん。都内の平均的な偏差値の私立大学出身。1年の就職浪人を経て23歳で入社したのはエンジニアを派遣する中小の人材派遣会社。そこで法人営業を経験。営業相手は主に中小企業。4年ほど勤務した後、27歳で現在の中小自動車部品メーカーへと転職。現在4年目で法人営業部所属。営業先は同じく中小の自動車部品メーカ

ー。営業成績は部内で中間くらい。

タグは、大きく分けて「ポジション（役割）」「スキル」「業種」「経験」「コンピテンシー」のくくりで分類が可能です。

Aさんの場合、「法人営業」というポジションに紐づくタグは非常にわかりやすくて強いタグだと言えます。

営業スキルとしてテレアポやインサイドセールスが得意であれば「テレアポスキル」「インサイドセールススキル」というタグも成立しますし、業種のタグで言えば「自動車業界」が考えられます。

「経験」としては「中小企業相手」がタグになりますし、さらに「1年でチームの売り上げを3倍に伸ばした」などの実績があれば、それも経験に紐づくタグとなり得るでしょう。営業の例で言えば、特殊な顧客を相手に仕事をしていた経験は強力なタグとなります。代表的なものではMR（Medical Representative：医薬情報担当者）の経験などは貴重なタグと言えそうです。

そして、最後にコンピテンシーです。コンピテンシーとはハイパフォーマーに共通して見られる行動特性のことです。コミュニケーション能力、誠実性、主体性、チームワークなどがこれにあたります。

Aさんの場合、コンピテンシーに紐づくタグには「達成志向がある」「ハンタータイプである」「顧客のことを理解するのが得意」「海外経験がある」といったものがあるでしょう。

市場価値はこのタグの掛け合わせで考えます。Aさんの場合、「法人営業 × インサイドセールススキル × 自動車業界 × 中小企業相手 × 1年でチームの売り上げを3倍に伸ばした × 達成志向がある × 海外経験」です。

個々のタグは他にも多くの人が持っているため、それ単体では市場価値は生まれません。しかし、それぞれの掛け合わせで考えれば、そのような人材の希少性は一気に高まり、これがすなわち市場価値になります。

さらに市場価値を高めたいときには、希少性をより高めるためにどんなタグを掛け合わせたらいいのかを考え、そのタグが得られる仕事に転職をすればいいのです。

ここまでの話で「自分のタグなんて見つけられるのかな……」と不安に思った方もいるでしょう。

しかし、安心してください。タグにはどのようなものがあるのか例をまとめたタグ分類表を巻末に掲載しています（294ページ巻末付録）。この表を使いながら、読者の皆さんが実際に自分のタグを明確にし、また次にどんなタグと掛け合わせて市場価値を高めていけばいいのか、誰でもできるフレームワークを第2章以降で詳しく解説していきます。

タグは発信することで企業からのオファーを呼び、さらにミスマッチも防ぐ

タグは明確にするだけでもキャリアに絶大な効果を生みますが、さらに発信することでより恩恵を受けることができます。

現在、転職の手段として、SNSを通じて、会社が直接タレント（転職希望者）に声をかける「ダイレクトソーシング」と呼ばれる形式や、「リファラル採用」（社員を介した推薦・紹介）の割合が日本でもじわじわと増えつつあります。

自らのタグを発信し、世の中に認知されれば、わざわざ転職エージェントに登録しなくても、ダイレクトソーシングやリファラルによる採用の可能性が高まります。

リアルな場で出会った人と名刺を交換して自分を知ってもらうことも有効ですが、関係を深めるには一人ひとりとピンポイントで対面しなければならないので非効率です。

今の時代はせっかくSNSというツールがあるのですから、積極的に発信するに越した

ことはありません。

もはや、SNSによる発信はネット上の「身だしなみ」とも言えます。自分のタイムラインを通じて、スーツを着るのか、ネクタイをしめるのか、あるいはTシャツ姿なのかを万人に公開するようなイメージでしょうか。

さらに、ダイレクトソーシングやリファラルによる転職でない場合でも、タグの発信は転職先とのミスマッチを防ぐ効果もあります。

個人が実際に転職活動をする際、採用する側の会社は、まず間違いなくSNSを通じて応募者の情報を得ようとするでしょう。ここでまったく情報がなければ、どんな人なのかが伝わりません。

フォロワーが多いか少ないかは二の次であり、大事なのはタグに関係する一貫した情報を発信しているかどうか。働き方、キャリアについての一貫した発信があれば、会社側もその人の人となりがわかります。

「この人はガツガツ系だからウチには合わない」
「この人はウチの文化にフィットしそう」

このように見当がつけやすくなるわけです。

転職は人と会社がフィットするかどうかが最大のカギとなります。ある企業で戦力外通告を受けた人が、別の企業に入社して大活躍することだって珍しくはありません。まさに「捨てる神あれば拾う神あり」です。

精度の高いマッチングを実現するには、個人ができるだけたくさん情報発信をしておくのが一番なのです。

タグの発信は転職以外にまで良い効果を生む

タグをもとに発信をすることは、検索にかかりそうなキーワードを入れて発信するのと同じです。そうやって、自分自身がSEO（Search Engine Optimization：検索エンジン最適化）を意識しながら発信すれば、転職に有利な情報が集まりやすくなる効果もあります。集まってくる情報は、前述したような間接情報ではなく、ダイレクトな一次情報です。

例えば、自分が「〇〇業界について知りたい」というメッセージを発信すると、「そう言えば、〇〇業界について知りたがっていたよね」という具合に、SNSのつながりの中から情報が寄せられるようになります。

そこからキャリア相談に発展し、転職先が見つかるなんてことも起こり得ます。

実際に、リンクトインでリクルーターが人材を探すときに行っているのが、まさに「タグ」の検索です。

例えば「日本在住」「法人営業」「リーダースキル」「語学力」といったタグでどんどん絞り込むと、候補となるタレントが浮上します。浮上した候補者を順番にスカウトしていき、面談に結びつけるといったことが日常的に行われているのです。

つまり、自分が発信しているタグと求人市場が求めているタグが合致するかどうかで、良いスカウトが来るかどうかが決まるというわけです。

基本的に、いい情報を発信している人にはいい話がもたらされます。

たとえカテゴリーが狭くてニッチでも、「あの人はあの分野に詳しい」「スペシャリストだ」という評判が立てばこっちのものです。

副業のオファーや業務委託形式でのプロジェクト参加の打診が来るかもしれません。第一想起される人には、どんな形であっても、相談が来るはずなのです。

キーコンセプト③考え方

目指すポジションから逆算してキャリアを考える

転職1.0 ▼「スキル思考」で考える
転職2.0 ▼「ポジション思考」で考える

スキル思考が長いと1つの会社から動けなくなる

世の中で転職を考えている人の中には、やみくもにスキルをつけてキャリアアップを狙っている人がいます。やる気だけを原動力に、とりあえず英会話スクールに通ってみたり、社会人大学・大学院に通ってみたりするようなパターンです。

もちろん英語を習得したり、ＭＢＡを所得したりすることには大きな意味があります。

しかし、目的がなく行動するのは問題があります。わかりやすく極端な例を挙げれば、国内に閉じている業種・業界でのキャリアアップを狙う場合、英語ができてもあまり有利にはなりません。

ただやみくもにスキルを身につけても、結局自分の市場価値は上がらず、望み通りの転職ができないということになりかねないのです。

そもそも、転職に際して、なぜ多くの人がスキル思考に執着しているのかというと、会社でやるべき仕事が不明瞭だからです。

総合職とは、平たく言えば「どんな仕事でも言われたことはやる」ということ。そこで「能力」とされるのは課題遂行能力、職務遂行能力であり、実態は漠然としています。

仕事の内容が漠然としていると、成果も判断しにくくなります。だから多くの会社では、年次や経歴の長さに応じて昇進や昇給が決定されています。

「君もそろそろ○年目だから、ここで課長になったほうがいいだろう」
「5人の部下を抱えて3年目になったから、もう一段ステップアップしていい頃合いだ」

このように、「大きな問題さえ起こさなければ、基本的にはキャリアアップできる」というスタンスで人事を行っています。そこには、根拠となるロジックがあまり存在しません。
「この役割で何年か仕事をすればスキルが身につく」と言われているだけで、「その仕事をするために必要なスキルは何か？」という中身は、いつまでも具体的には示されないのです。

高度成長期の日本では、終身雇用の約束が確実に履行されていたため、スキル思考でも順調にキャリアアップできました。

風向きが大きく変わったのは、90年代の終わりから2000年代初頭にかけての就職氷河期の時代です。当時は、不況による上場企業の倒産が大きなニュースにもなり、会社側が日本型雇用を維持できなくなりつつあることが明らかとなってきました。

あれから20年近くが経過し、その間もだましだまし終身雇用の幻想を維持してきたわけですが、世界金融危機（2007~2010年）と2020年のコロナショックによって、いよいよ会社の体力が消耗し、終身雇用の約束を果たすことが困難となってきました。

今、日立製作所などの一部の大企業を中心にジョブ型雇用への移行が行われているのは、まさにスキル思考からの脱却を象徴する出来事と言えます。

これからは目指すポジションを明確化しないと生き残れない

転職2.0の時代に「スキル思考」に代わる考え方となるのは「ポジション思考」です。ポジション思考とは、目指すポジション、すなわち役割を明確化すること。

例えば、エンジニアであれば、PM（プロダクトマネージャー）、あるいはリードエンジニアが目指すポジションとなります。

ただし、ポジション＝役職ではありません。

営業職であれば、大企業向け営業担当か中小向け営業担当かによってもポジションは異なりますし、新規営業と既存営業でもポジションは異なります。ポジションによって求められるスキルが異なるため、外資系企業では、ポジション別の採用を行っており、日本でも同様の会社が増えています。

要するに、求人票やジョブディスクリプション（職務記述書、職務の内容を明記した文書）に記載されている職務内容が一つのポジションであるということです。

多くの外資系企業では、マネージャーコースと専門職コース（ＩＣ：インディビジュア

スキル思考とポジション思考

スキル思考	ポジション思考
＝	＝
何を目指すかがなく、闇雲に英会話スクールや社会人大学・大学院に通ってみたりする。	目指すポジションが先にあり、そのためのスキルを得たり、そのための会社に転職したりする思考。
↓	↓
終身雇用、年功序列が当たり前の前時代のみに通用する考え方	ジョブ型中心となるポスト終身雇用時代のキャリア形成に必須の考え方

ルコントリビューターと呼ばれます）へと、大きく2つのキャリアトラックに分かれるのが一般的です。

マネージャーはチームをマネージして成果を上げる役割を担っており、専門職はチーム内で自分の能力を発揮して貢献する役割を担っています。コースによって必要な学びも異なるため、30歳くらいになるとみんな真剣に目指すポジションを意識するようになります。

日本では、待遇を上げる手段として管理職があてがわれる傾向もあり、ポジションを目指すという意識はまだまだ希薄です。

しかし、ジョブ型雇用が中心となるポスト終身雇用時代には、必然的にポジションを意識してキャリア形成をする人が増えるはずです。

市場価値向上のためのHOWを知る

重要なのは、自分が目標としているポジションに近づくという視点です。まずは目指すステップ・ポジションを想像する。その上で、現状の自分を振り返り、ギャップを知る。そのギャップを埋めるためには、どんな学びが必要なのかという順に考えるのです。

現状と目指すポジションとのギャップが見えれば、次のアクションが取りやすくなります。ギャップを埋めるために英語が必要であれば、積極的に英語を学べばよいでしょう。あるいはギャップから考えると、学びよりもつながりをつくるほうが先決だと気づくかもしれません。

つながりをつくる場合は、異業種交流会や各種の勉強会・セミナーに参加するといった方法があります。

これまでの話で「ポジションって他にどんなものがあるんだろう……」という方も心配いりません。こちらも巻末のタグ分類表にどのようなものがあるのか例をまとめています（294ページ巻末付録）。こちらをもとに読者の皆さんが実際にできるようポジションについては第４章で深掘りしていきますので、安心してください。

いずれにせよ、場当たり的に行動している人ほど、何の根拠もないのに「これだけ行動しているのだから、必ず報われるはず」などと思い込みがちです。

これは「努力すれば報われる」という価値観を教えている日本の教育のせいでもあります。しかし、本来は「正しい努力をすれば報われる」が正解です。努力の仕方を間違うと、物事は徒労に終わってしまうことを知っておきましょう。

キーコンセプト④価値基準

「シナジー」を基準に仕事を選ぶ

転職1.0 ▶ 仕事を「会社」で選ぶ
転職2.0 ▶ 仕事を「シナジー」で選ぶ

仕事を会社で選ぶ人の末路

「転職1.0」の時代は「会社」で就職先を選ぶという発想が主流であり、転職する際も会社で選ぶ傾向が一般的でした。

会社で選ぶとは、わかりやすく言うと「就職人気ランキングの上位企業だから入社する」「親が知っている有名企業だから入社する」ということ。仕事の内容よりも会社のブランドを優先させる考え方です。

就職時に会社で選んで入社した人は、「有名な会社に勤務している」ということ自体が強いモチベーションであり、自分自身の存在理由にもなっています。ですから、仮に仕事が面白くなくても、自分に合わなくても、よほどのことがない限り転職という選択肢は選びにくくなります。

転職するのであれば、今と同等かそれ以上の有名企業に入るしかないため、転職先も非常に限られてしまいます。

「キャリアアップのために今よりもっと有名な会社に転職しよう」と考えている人も危険です。有名な会社に価値を置いている時点で、自分軸での判断を放棄し、他人軸に判断を委ねているからです。

「有名かどうか」という他人軸で会社を選ぶと、うまくいかなかったときに別の他人軸を探そうとします。「親や家族に納得してもらえるか」「友人や恋人に評価されるか」といった軸に翻弄され、やりたくもない仕事を我慢しながら続けることになります。

仕事を会社で選ぶ人の最悪の末路は倒産やM&Aです。

具体的な企業名までは出しませんが、ここ10年を振り返っても日本の就職人気ランキング上位の大企業の例は記憶に新しいところです。それらの企業に会社名だけを頼りに入社した人を思い浮かべればわかりやすいと思います。

親世代には一流企業に入り、有名企業の社員であるという事実だけを拠り所に生きていた人がどうなったか。外資系企業の傘下に入ったり、大部分の事業を譲渡したりして、全く異なるカルチャーの下で、右往左往している人が多くいるのではないでしょうか。

これからはM＆Aは盛んに起き、国内でも企業の合併などが加速する可能性があります。自分軸で仕事をしていない人は、常に不安なまま働くことにもなりかねません。

私の周囲にも、新卒で有名企業に就職したものの、数年で退職してしまった人が多くいます。あるいは、有名なベンチャー企業に転職してみたものの、全く力を発揮できず、ベンチャー特有の働き方に耐えきれずに再転職を余儀なくされている例も見聞きします。

会社で選んで有名企業に転職できたとしても、結局その企業にマッチしなければ自分の市場価値も上がらず、それ以上のキャリアアップは見込めなくなるわけです。

シナジーがあなたの能力をアップさせ、市場価値を最大にする

「会社で選ぶ」に取って代わるのが「シナジーで選ぶ」というコンセプトです。

キャリアアップに求められるのが「タグ」であることは前述しました。タグを得るには、どの会社に在籍していたかではなく、会社で何を達成したのかが最も重要です。

そこで不可欠となるのが、自分がいかにその会社で力を発揮して成果を出せるかどうかという視点です。言い換えれば、個人と会社とがお互いに助け合いながら必要な役割を果たし、相乗効果で成果を出す＝シナジーを生み出すということです。

シナジーを重視する場合、個人は自分の経験や能力を会社がちゃんと活かしてくれるのか、またそれをさらに伸ばすための投資をしてくれるのかという視点で会社を選ぶようになります。

一方会社側は、適切に投資をすればハイパフォーマーとして活躍して成果を出してくれる人を積極的に採用するようになります。

シナジーを生み出せれば、働くのが楽しみになりますし、次に転職するときにも自信を持って自分をアピールできるようにもなるのです。

私個人の例で言うと、ヤフーを一度退職し、再び戻ったときに、「自分が得意とするモバイルのプロダクト開発に携わりたい」という考えと、会社側の「ＰＣからモバイルにシフトしたい」という考えがかみ合ったため、シナジーを生み出せた経験があります。

モバイルに関わりたいというのは最初の退職前から主張していたのですが、当時は会社が本気ではなかったので、私には必要な武器が与えられず、シナジーを生み出すことはかないませんでした。

しかし、2回目のときは、会社から「必要な武器を与えるからぜひ力を貸してほしい」と言われたので、再び戻る決断ができたのです。

まさに、自分が成し遂げたいことと会社から求められる役割がぴったり合致したケースであり、シナジーで選んだ復職だったと思います。

その後、ヤフーではモバイルの変革をある程度実現することができ、一段落がついたタイミングで、リンクトインへの移籍を決断しました。ヤフーでのシナジーが成就したので、次のシナジーを求めたというわけです。

強みを活かしながらシナジーを模索する

シナジーについて、40ページでお話ししたAさんをモデルに考えてみましょう。

Aさんは、転職して新規開拓営業にチャレンジしてみたいという思いがあります。この場合は、希望の裏側にある自分の想いや、何を目指しているのかといったことを自分自身で深掘りする必要があります。

例えば、今の仕事がルーティン化してしまい、このままでは大きな成長が期待できないと感じているとすれば、今までの強みを活かしながら、別の業界の営業職にステップアップする方法が考えられます。具体的には、法人向けのＩＴシステムを新規で売りたいと考えている会社とのシナジーが成立する可能性があります。

シナジーを考えるときのポイントは、今やっている仕事、自分の強みを活かしながら、広い視点から探るということです。

例えば、Ａさんが今の会社で営業をしている中では、顧客の話を聞く機会が多々あるはずです。ここで顧客の悩みやニーズを聞き出す経験を積み重ねておけば、顧客に共感できるスキル、顧客から課題を引き出すスキルが自分のタグとして確立されます。

顧客に共感できるスキル、顧客から課題を引き出すスキルは、新規の顧客開拓にも必須のスキルと言えます。つまり、現在の自動車業界だけでなく、別の業界にも横展開することが可能です。

このように、現業の中で自分のタグを明確化しておけば、シナジーで転職先を選ぶときの選択肢が増えるのです。

キーコンセプト⑤人間関係

広くゆるいつながりをつくる

転職1.0 「人脈づくり」をする

転職2.0 「ネットワークづくり」をする

大きく市場価値が高まるのは「別のつながり」に移るとき

転職をするときに限らず、従来からビジネスで成功するためには人脈が必要であると主張されてきました。

「人脈」という言葉から私が思い描くのは、狭くて深い人間関係であり、人間同士が濃厚につながっているムラ、といったイメージです。代表的なのは、同期の仲間や同じ大学の先輩後輩、同級生、飲み友達など、気心の知れた強いパイプです。

人脈とネットワーキング

人脈	⟷	ネットワーキング
●狭く深く		●広くゆるく
●強いつながり		●弱いつながり
●近いコミュニティに偏る		●多様性。仕事したことのない人も含まれる
●WIN-WIN の関係でない		●WIN-WIN の関係

これに対して、私はこれからの時代に重視する人間関係を「ネットワーク」という言葉で提示したいと思います。

ネットワークとは「人脈」よりももっと広く浅い、友達の友達の友達くらいまで含まれるゆるやかなつながりのこと。中には、直接一緒に仕事をしたことがない人、同じ組織に属したことがない人も含まれます。

深くは知らないけどお互いに何となく興味がある、同じ業界にいてお互いの存在を認知しているなど、「リアルに会ったことはないけど、メッセージのやりとりだけはしている」のがネットワークの代表例です。

人脈は「強いつながり」、ネットワークは「弱いつながり」と言い換えることが可能です。「弱いつながり」については、学術的に研究した論文も多数発表されています。

有名なものに「シックス・ディグリーズ理論」というものがあります。これは、１９６０年代に心理学者のスタンリー・ミルグラムの実験によって示されたものであり、「世界中の人は6人の友人や知人を介せば、間接的に知り合いになれる」という仮説です。

ちなみに、ゲーム事業やメディア事業などを展開しているグリー株式会社のロゴは六角形をしており、シックス・ディグリーズに由来しています。

シックス・ディグリーズ理論では、６人を介するつながりは均一なものではなく、強いつながりを持った人が点在しているとされます。

要するにキーパーソンが何人かいて、一つの業界と別の業界のような大きな隔たりをつなぐ役割を担っているのです。

個人がキャリアで成功するにあたって、キーパーソンとつながることができるかどうかは重要なポイントです。

人脈という狭い人間関係で考えると、キーパーソンが存在している確率は低いと言えます。一方、弱いつながりであるネットワークの中には、キーパーソンが含まれている確率は高くなります。

キーパーソンとつながっていれば、業界を超えてプロジェクトを立ち上げたり、転職したりするチャンスも増えます。

日本でも急速に増えるダイレクトソーシングとリファラル

実際に、今の日本ではリファラル採用の割合が増加しています。

HR総研の調査によると、企業がキャリア採用で利用している手段・サービスのトップは「人材紹介」（73％）であり、2位の「転職サイト」（71％）と利用率が拮抗しています（HR総研「キャリア採用に関する調査」）。

現状では、それよりも低い利用率でありながら、リファラル採用は41％となっており、大企業に限定すれば52％と半数を超えています。

また、ダイレクトソーシングも20％の利用があります。

今後、利用がより高まると思われる採用手段として、リファラルとダイレクトソーシングは上位に上がっており、今後伸びる可能性は十分に考えられます。

つまり、ネットワーク内で自分が認知されていれば、人を介して会社から採用したいというオファーが飛び込む可能性はあります。

ただし、ネットワークにおいて誰が橋渡しとなってくれるのか、キーパーソンがどこにいるかは、実際にコトが起きるまではわからないものです。どこがどうつながるのかわからない状況では、あくまでもゆるいつながりを保つことが大切です。

ゆるいつながりでもいい、ではなくて、ゆるいつながりこそが望ましいのです。

特長①

やりがい、年収、人間関係、ワークライフバランス……すべて同時に手に入る

方法論としての市場価値最大化は大きな武器になる

「転職1.0」の時代は、転職には妥協が伴うものだと相場が決まっていました。

「有名企業で給料もいい代わりに、深夜遅くまで働かなければならない」

「自分のペースで働けるし、やりがいもあるけど、年収はそれほど得られない」

このように「あちらを立てればこちらが立たず」が当たり前であり、すべての希望を満たすのは非現実的だと考えられていました。

しかし、「転職2.0」ではやりがい、年収、人間関係、ワークライフバランスのすべてが同時に手に入ります。

では、なぜ妥協なしの転職が実現するのか。

一つは労働人口が減少し、人材不足が常態化するというマクロの状況があります。

今までは、「辞めてもいくらでも代わりがいる」という理屈で社員にハードな働き方を強いるマネジメントが通用していました。これに対して、今後は働きやすい環境を作らなければ企業の存続が危ぶまれます。

すでに人材の奪い合いは過熱しており、企業側はいい人材を採るだけでなく、今在籍している社員に継続して働き続けてもらう必要性に迫られています。

同時に、国も労働力人口が減少する中で、経済成長を維持していくために、女性や高齢者などに働き続けてもらうための施策を講じています。それが働き方改革であり、女性活躍推進です。

こういった新しい政策の後押しもあり、個人の多様な働き方は許容される方向にシフトしています。

そもそも、個人が望む働き方はライフステージに応じて変化するものです。20代の若手の中には残業を厭《いと》わずに仕事に打ち込みたい人がいるかもしれませんが、結婚をして子どもができると、しばらくは子育てに重心を置き、仕事をセーブしたいと思うこともあるでしょう。

これまで会社は、全員がフルタイムで同じ時間、同じ場所で働くという前提で業務を組み立てていました。そのため、介護や子育てを理由に条件から漏れた人は、使い物にならないと排除されてしまっていました。

けれども、本来は個人が望む働き方と会社側が求める成果が合致すれば、どんな働き方が認められてもよいはずです。会社は多様な働き方を前提に業務を組み立てればよいのです。

すでにそのことに気づいた会社は柔軟な勤務体系を整備しています。時短勤務で仕事と子育てを両立している人もいれば、週3勤務で正社員の人、業務委託で複数の会社と仕事をしている人も出てきています。グローバル企業では、男性社員も当たり前のように育休を取得しています。

転職においても、「キャリアを中断させることなく、ライフプランの変化に応じて柔軟な働き方を実現したい」という個人の思いと、「週5勤務、正社員という枠組みに縛られずに能力と実績のある人を採用したい」という会社の思惑が合致するケースが確実に増えています。

このように会社と個人の立場が対等になりつつあるマクロの変化が生じている中、さらに転職2.0は市場価値最大化を方法論として達成できるため、得られる条件が増えます。

つまり、市場価値が最大になるということは、多くの企業からほしいと思われますので、やりがい、年収、人間関係、ワークライフバランスなど何かしらの条件を妥協しなければならないのであれば別の企業を選べばいいわけですし、企業側に条件の交渉をすることもやりやすくなります。

会社の立場が高度成長期に比べて弱まっている時代の変化の中で、さらに市場価値という大きな武器を手にすることで、キャリアの選択肢を格段に増やすことができ、その結果、妥協なしの転職が実現するのです。

望み通りのキャリアは、「一生生き残り続けられること」でもある

私は、今後転職1.0を続けている人と転職2.0を実現している人の間に、ますます大きな差がつくのではないかと予想しています。

転職1.0を続けて一つの会社にぶら下がろうとする人は、会社の業績悪化や、M&Aなどの可能性におびえながら働くことになります。

自分がコントロールできない状況で働くことは、人にとって大きなストレスとなります。特に、今は1人あたりの業務量が増えています、会社に居座るために大量の仕事をこなしているうちに、精神は確実にむしばまれます。

不測の事態に備えて、自分の市場価値を高めてプランB、プランCを選択できる状況にある人は、精神的に楽に働けるはずです。

自分にタグ付けをして、ネットワークを構築し、リファラルやダイレクトソーシングで転職する可能性を高めている人は、我慢する働き方とは無縁なまま一生生き残ることができるのです。

転職1.0と転職2.0の到達点

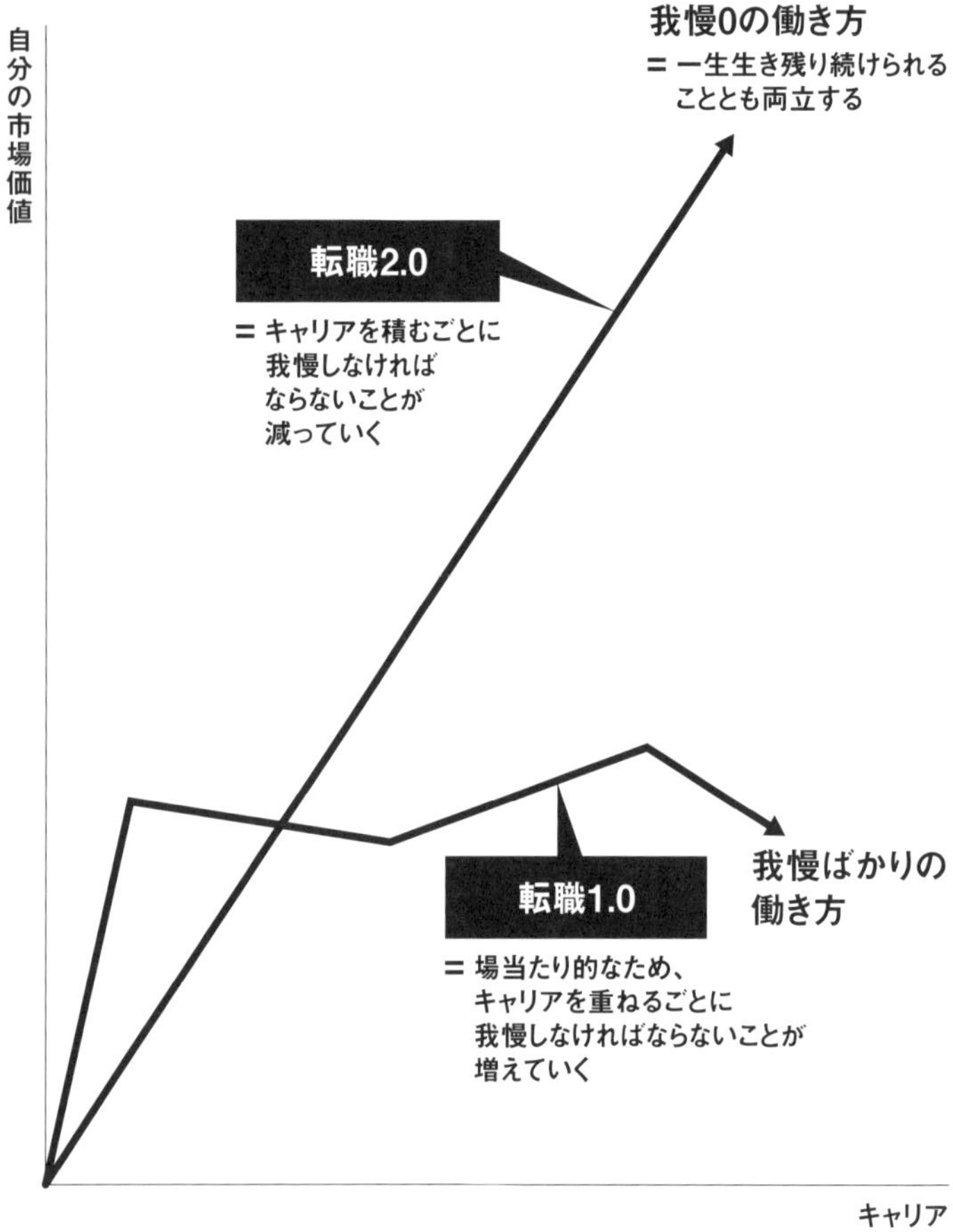
自分の市場価値
キャリア
我慢0の働き方
= 一生生き残り続けられる
ことと両立する
転職2.0
= キャリアを積むごとに
我慢しなければ
ならないことが
減っていく
転職1.0
= 場当たり的なため、
キャリアを重ねるごとに
我慢しなければならないことが
増えていく
我慢ばかりの
働き方

我慢しない働き方を実現するだけでなく、市場でのキャリアアップを目指している人は、今の会社で達成したい目標が明確です。

目標を達成するまでは、今いる会社で頑張ろうとする強い意欲を持っています。頑張れば成果が出るので自信もつきます。こういった個人が増えれば、会社にも成果がもたらされますから、もはや会社が個人を縛る合理的な理由はなくなります。

むしろ、社員がこぞって他社に移籍すると業務が回らなくなるので、社員の自由度を尊重しようと考えるはずです。

つまり全員が「転職2.0」にシフトすれば、必然的に会社もシフトせざるを得なくなり、ますます我慢しない働き方が実現するという好循環が成立するのです。

特長②

実績・強み・やりたいことがない人でもできる

大学、会社のネームバリューにはもう価値がない

「転職2.0」の2つ目の特長は、人目を引くようなキャリアを持たない人でも、我慢しない働き方や転職を実現できるということです。

すでにミドルクラス以上の転職では、出身大学のネームバリューや、前職の会社のブランドは価値を失っています。

今後、個人が会社で何を達成できるかに注目するシナジー優先の転職が主流になれば、

過去の経歴はそれほど問われなくなるはずです。

現在、台湾のデジタル担当大臣として活躍するオードリー・タン氏は、コロナ禍の中でオンラインのマスク購入システムやフェイクニュースのチェックシステムなどを整備し、世界的な注目を集めた人物です。

オードリー・タン氏は中学を中退し16歳で企業経営に参画して19歳で起業し、アップル社の顧問も務めたというキャリアの持ち主。中学をドロップアウトしても、シリコンバレーで重用され、政府の要職に就く。世界ではそういう時代が到来しているのです。

方法論として、実績・強みを明確にする

世の中には「自分には実績や強みがないから転職できない」と思い込んでいる人がたくさんいます。しかし、実績や強みがないというのは、単なる思い込みです。それらを明確にする方法を知らなかったという、ただそれだけのことです。

自分の実績や強みに自信が持てないという気持ちもわかりますが、メディアでもてはやされるような実績を残している人は、ごく一部の人。目立たないからといって卑下する必要はありません。

私に言わせれば、今現在働いていてお金をもらっている以上、会社もその人の働きを認めているということ。プロとして実績がある証拠です。

自分が会社から受け取っているお金と、自分がやっている仕事を天秤にかけて、「自分はお金をもらいすぎている」と思うのであれば、もう少し頑張って実績を残す必要はあるかもしれません。

ただ、自分の給与はベーシックインカムのように会社から自動的に支給されるものではありません。働いた対価として得ているものです。給与に見合う仕事をしている自覚があるのなら、自信を持って自分の実績を誇るべきです。

自分の強みについても同様です。

試みとして、今自分がやっている仕事を棚卸しして、整理してみてください。この1年で何について会社が自分の働きを認めてくれたのか、褒めてくれたのかを思い出してみましょう。

人事評価シートなどをもとに考えるとわかりやすいと思います。

「自分の仕事の中のこの要素については、会社はお金を払う価値があると思ってくれている」などと考えていけば、自分の強みがきっと見えてくるはずです。
この強みこそが、前述した「タグ」として機能するものです。

日本では、そもそも自分のタグを明確にしている人が少ないので、転職市場の中で自分の立ち位置が見つけられずにいるだけ。タグを見つけて、それを市場の中で比較してみると、自分の市場価値に見当がつけられるようになります。

自分が市場でどの程度の価値があるのかがわかれば、転職に向けて取るべき作戦が立てられるようになります。

やりたいことがない人はどうすればいいか

今の会社で多少我慢しているのは事実だけど、これといってやりたいことはなく、あえて環境を変えるリスクを取ろうとは思わない。こういった理由で立ち止まっている人も一定数存在します。

「就職するにあたってやりたいことが見つからない。どうすればいいですか?」

「やりたいことがないのって人としてダメなんですか？」

私自身、若い人からこういった相談を受ける機会がしばしばあります。

こういう悩みを抱えている人には「やりたいことがない」こと自体を悩まなくてもいい、とアドバイスしています。

私がお勧めしたいのは、「やりたいこと」を無理矢理見つけ出すのではなく、今やっている仕事の中で、ワクワクすること、楽しさを感じられることは何かという棚卸しから始めることです。

棚卸しすると「気が進まないけど、仕方なくやっている仕事」「やっていて満足感がある、やりがいを感じる仕事」のふるい分けができるはずです。

ふるい分けをしたら、「やっていて満足感がある、やりがいを感じる仕事がもっとできる仕事は何なのか、どこにあるのか」という視点で考えればいいのです。

前述したAさんが「顧客の課題を解決できたときに楽しいと感じられる」とするならば、例えば、カスタマーサクセスマネージャー（CSM）というポジションが適しているかもしれません。

カスタマーサクセスとは、直訳すると「顧客の成功」。カスタマーサクセスマネージャーは、顧客の成功を導く役割を担っています。具体的には、顧客の要望や不満に耳を傾け、最適なプランや機能などを提供し、課題解決を提案します。一連の取り組みを通じて、顧客満足度を高め、継続的な利用を促すのが大きな仕事です。

このカスタマーサクセスという仕事に注目が集まるようになったのは、サブスクリプション・ビジネスの普及と深く関係しています。今、企業には売り切りのビジネスではなく、継続的にサービスや商品を利用してもらうための仕組みを構築することが求められています。そこで、従来のカスタマーサポートの業務を超え、より積極的に顧客の課題解決に取り組むため、カスタマーサクセスマネージャーのような役職が生まれたのです。

Aさんが勤務する会社にカスタマーサクセスに相当する部署や、カスタマーサクセスマネージャーのような役職が設置されていない場合、自分のネットワークを通じて詳しい人から話を聞くことは可能です。

話を聞いた結果、面白そうだと感じたなら、転職によってそのポジションを目指すという選択肢が浮上します。

我慢ゼロの転職を実現するにあたっては、「自分が楽しい」という素直な気持ちに従うことが大切です。

誰でも、今やっている仕事の中で「楽しい」と思える要素が一つくらいはあるはずです。その「楽しい」と思える要素を、いかに膨らませていくかを考えていきましょう。

楽しいことを追求していけば、誰でも転職2.0に移行できるはずです。

第1章まとめ

・終身雇用が機能していた時代は、「会社」の立場は「個人」よりも強く、会社に不満があっても我慢して働かざるを得なかった。しかし、終身雇用の崩壊により、キャリア形成の意思決定権は会社ではなく個人に移行し、すでに誰もが我慢しない働き方が手に入る時代が到来している。

・そのため、個人は、自分の市場価値を高めることに注力し、市場価値を高める手段として「転職」を積極的に活用するという発想が求められるようになる。

・市場価値を高めるとは、「タグ付け」をすること。自分のタグを明確にし、次に掛け合わせるタグを軸に次の仕事を考えることがさらなる市場価値向上につながる。

・終身雇用が崩壊した今、スキル思考ではキャリアアップはできない。ポジション思考は、ジョブ型雇用が中心となるポスト終身雇用時代に必須の考え方である。

・会社で仕事を選ぶことは、他人軸でキャリアを選んでいることになり、外部環境の変化に対応しづらい。個人と会社とが相乗効果で成果を出す＝シナジーが得られるかを基準に仕事を選ぶことが重要。

・個人がキャリアで成功するにあたって、キーパーソンとつながることができるかどうかは重要。そのために広くゆるくネットワークをつくる。

・転職2.0は方法論として市場価値を最大化することができるため、企業に対して条件を交渉するための武器を持つことができ、結果何の妥協もない転職が可能になる。

・強みや実績はないのではなく、明確化する方法を知らないだけ。日本では明確にしている人が少ないので、明確にするだけでも周りに大きく差をつけることができる。

第 2 章

自己を知る

「情報収集」から「タグ付けと発信」へ ❶

強み・実績・やりたいことがない人でも自分の市場価値を知る方法

自分の市場価値は「需要×供給」で決まる

納得のいく転職を実現し、我慢しない働き方を手に入れるには、まず自分の市場価値を正しく把握する必要があります。

そもそも求人マーケットは需要と供給の関係によって成立しています。

例えば、スカウト型の求人サイトに登録したり、転職サイトのスカウト機能を活用したりすれば、エージェントや採用企業からスカウトメールを受け取ることができます。スカウトメールは自動送信されるものもあれば、転職サイトの担当者が直接送ってくるもの、さらには企業の採用担当者から送られてくるものもあります。形式によって内定率は異なりますが、いずれにしても自分の市場価値を判断するおおよそのバロメーターとなります。

スカウトの反応があまりに乏しい場合は、現業のポジションは求人マーケットの中であまり需要がないことがわかります。この場合は、もっと需要に合致したタグ付けをすべき、または複数のタグを提示したほうがいい、といった判断ができます。

大切なのは、市場という場を通じて、自分がどう見えるのかをチェックすることです。方法としては、転職サイトに登録する以外にも、転職エージェントの担当者やキャリアコンサルタントに実際に会ってみるのもよいでしょう。

実際に求人マーケットに自分の身を置いてみることで、市場の肌感がわかってきます。

私自身、20代の頃から自分の市場価値については強く意識していたこともあり、毎年の振り返りとして職務経歴書を更新する作業を行っていました。言ってみれば年度末の恒例行事のようなものです。

最新の職務経歴書を作っていれば、自分の市場価値に自覚的になるだけでなく、現実に転職の話がきたときに、すぐに応じられるという実利的なメリットもあります。

私の場合、常に転職したいと考えながら仕事をしていたわけではありませんが、「面白そうな話があれば、一度話を聞いてみたい」「もっと自分を活かせる職場があるのなら、転職もやぶさかではない」というスタンスで働き続けてきました。その中で、現実的に転職をする決断が何度か訪れたというわけです。

特に外資系企業で働く人は2〜4年で次のステップを模索するケースが多いため、自分の市場価値や求人市場の動向に敏感です。常にアンテナを張って、次なる転職に備えているのです。

一方、私から見て、日本の会社で働く人には、継続的に自分の市場価値を確かめる機会が少ないようです。転職を真剣に考えてから慌てて行動に移すので、需要とズレたアピールをしてしまうリスクがあるのです。

強みや適性を知る=自己の〝タグ〟を明らかにすること

市場で通用する強みや適性を見つけることは、自分のタグを明らかにすることに通じます。

私の場合、リンクトインに移籍する際の転職活動の中で、企業戦略やM&Aに携わっていた経験がユニークで希少なタグとなる事実に気づきました。これは思わぬ収穫でした。エグゼクティブサーチ（ヘッドハンティング）のコンサルタントから「エンジニアのバックグラウンドを持っていて、企業買収の経験があり、経営クラスのポジションにいる人は引きがある」と言われたのが特に印象に残っています。

外資系のファンドが日本企業の変革に取り組むとき、こういったポジションで仕事ができる人は希少性があり、重宝されるというのです。

自分では気づかないタグが市場で評価されることがある。それを改めて実感しました。

自分の強みは、案外、周りの人から見いだされることが多いのかもしれません。

私の身近では、ヤフー時代の元部下で、マネーフォワードに転職した人がいます。私の紹介がきっかけで転職したのです。

ちょうどマネーフォワードから「新しく研究所を作りたい。エッジの効いたテクノロジーに強くて、研究所を立ち上げるのにふさわしい人がいないか」という話を聞き、瞬間的に思いついたのがその人の名前でした。

その人はヤフージャパン研究所の立ち上げにも関わっており、長らく私と一緒に他企業との事業提携に関わっていた経験があります。そこで彼の強みが機能するのではないかと考え、紹介したわけです。

もともとその人は転職自体には興味がなかったようなのですが、実際に話を聞くと心引かれるものがあったようで、結局そのまま転職することになりました。

このように、強みや適性（つまりタグ）が明らかになり、それが市場の需要に合致すれば、何歳になっても望ましい転職は実現するのです。

自分の手持ちのタグ候補にどれだけの需要があるかを知るには、実際に検索してみるのがお勧めです。検索してヒットすれば、需要があると推測できます。逆に、ヒットしない場合はタグとして弱いということです。あるいは前述したように、転職エージェントなどからスカウトメールがどれだけ届くかが一つの目安となるでしょう。

どのタグに需要があるかは、時代とともに変化していきます。定期的に自分のタグが通用するのかをチェックしておく習慣が不可欠です。

タグ付けでネガティブな転職理由をポジティブに変換できる

読者の中には、今の会社に不満がある、仕事がつまらない、上司がムカつくといった理由で転職を考えている人もいるでしょう。今の我慢する働き方から抜け出すために、転職という手段を活用する。その発想自体は間違ってはいません。

ただし、ネガティブなモチベーションだけではおそらく幸せな転職を実現するのは困難です。なぜなら、ネガティブなモチベーション以外に志望理由がない人を、会社は採用したいと思わないからです。

実は、自分のタグを認識するプロセスは、ネガティブなモチベーションをポジティブに変換する作業でもあります。

自分は何にストレスを感じているのかを把握し、どうすればそのストレスを解消できるのか。その答えの手がかりは、自分のタグを見つけ出す過程の中で見つかるはずです。

基本的には、自分のタグを活かせる仕事＝充実できる楽しい仕事だからです。

自分のタグを明らかにする中で、人は自分の価値に気づきます。自分の価値を突き詰めていけば、ステップアップもできるし、大きな仕事もできるようになるのです。

タグ付けフレームワーク①

分解

分解1 レジュメを更新せよ

前述したように、自分のタグを見つけるために、まず取り組むべきはレジュメ、すなわち職務経歴書を書くことです。

実は、日本の会社員の多くは職務経歴書を書いた経験がほとんどありません。普通に会社に勤務している限り、会社側から職務経歴書の提出を求められることがないので、意識する機会がないのです。

そんな人が、いざ転職活動を始めると、会社から履歴書とともに職務経歴書の提出が求められます。その時点になってから職務経歴書が書けないという事実に気づき、慌てることになります。

事実、ウェブ上で「職務経歴書」とキーワード検索をかけると、「書き方」という検索ワードの提案が表示されます。それだけ、みんな職務経歴書の書き方に困っているのです。

そして転職エージェントのキャリアコンサルタントは、転職希望者の職務経歴者の作成を手伝う役割を担っているのだそうです。

これは私自身がキャリアコンサルタントから聞いた話なのですが、コンサルタントが転職希望者に対して「ご自身の強みは何ですか?」「どんな仕事ができますか?」と質問をすると、「部長ができます」などと回答する人が多いのだといいます。

一言で「部長」といっても、会社によって求められる役割も違いますし、やっている仕事もバラバラです。しかし、日本ではポジションの意識が浸透していないので、「部長ならできる」と回答してしまいます。

そこでコンサルタントが「では、あなたが考える部長の仕事ってどういうものですか?」

と重ねて質問をすると、次のように答えるのだそうです。

「部下10人くらいはマネージできます」

こういう話を聞くと、職務経歴書に何を書いたらよいのかわからないという気持ちも、何となくわかるような気がします。

まずはフォーマットやマニュアルを参照してよいので、一度自分の職務経歴書を作成してみましょう。

次に、職務経歴書の情報をもとに、「ポジション」「スキル」「業種」「経験」「コンピテンシー」の分類に従ってタグとなるものを書き出します。

スキルのタグは、実際のジョブディスクリプションに明記されているので、これを見ればだいたい見当がつくはずです。

前述したAさんの例で言えば「法人営業」「インサイドセールス」「自動車業界」「1年でチームの売り上げを3倍に伸ばした」「顧客のことを理解するのが得意」などのタグが挙げられました。

タグを一覧にまとめたタグ分類表を巻末にまとめました（294ページ巻末付録）。これを参照して書き出していけば、自分のタグを見つけることができます。

ちなみに、タグの数について特に限界値はなく、基本的にタグはたくさんあるに越したことはありません。ただ、タグ付けはあくまでも求人市場で評価される、声をかけてもらうために行うものです。強いタグを持っていれば第一想起されやすいということです。

その意味では、あまり価値のないタグをたくさん付ける必要はありません。

基本的には、カテゴリーごとにメインとなる「一軍のタグ」があり、それにプラスして、オプションとしての「二軍のタグ」があるようなイメージが理想です。

もちろん、一軍、二軍のタグは、時代の変化に応じて戦略的に変えていくべきものです。スポーツのチームで、今勢いのあるプレイヤーを一軍に昇格させて、パフォーマンスが低下しているプレイヤーを二軍に落とすのと考え方は一緒です。

こうした一軍、二軍入れ替えの判断をするために、世の中の動向に常に目を光らせておく必要があるのです。

分解2 自分の職種をコンピテンシーに分解する

タグ付けの過程では、特に自分の職種をコンピテンシーに分解することが重要です。

コンピテンシーは「ハイパフォーマーに共通する行動特性」などと訳される言葉であり、数値化しにくいけれども確実に認められる特性のこと。その人自身が持っている能力であり、会社の人事評価などでも重視されている要素でもあります。

コンピテンシーは単なるスキルとは異なり、何か目標が与えられたときに達成に導くために必要な能力を意味します。

例を挙げれば、「チームへの貢献」や「誠実さ」「計画立案」「戦略構築」なども重要なコンピテンシーです。

コンピテンシーは、基本的にその人のポジションに応じて変化します。

業種に固有するコンピテンシーもあれば、会社固有のコンピテンシーもあります。

また、法人営業職やエンジニアなど、職種に応じたコンピテンシーもあります。自分のポジションに必要なコンピテンシーは検索などで確認することができます。

Aさんの例で言えば、仕事で顧客の話に耳を傾けるのが得意であるため、そこから派生した「情報収集」や「傾聴力」のタグ付けもできると考えられるかもしれません。

自分の仕事を棚卸ししてタグ付けをすれば、具体的なエピソードとタグが紐づけられます。エピソードをもとにタグを提示する能力は転職時に自己アピールをする上で、非常に役立ちます。自分の強みと思えるコンピテンシーを選び、タグ付けしておきましょう。

タグ付けフレームワーク②

解放

解放1

他己紹介からヒントを得る

自分のタグを整理するフレームワークの2つ目が「解放」です。

解放とは、自分一人でタグ付けを試みるのではなく、外部の視点から構築していくアプローチとも言い換えられます。

解放メソッドの1つ目は、他己紹介からヒントを得るというものです。具体的には、ビジネス関係の知人や友人が自分のことを第三者に紹介するときに、どのように伝えるのかを想像するということです。

例えば、本書の企画が成立するに際して、編集者の方は私（村上）という人物についての上司や編集長などに、わかりやすく説明をしたはずです。

実際にどう説明したのか、もちろん私自身はあずかり知らぬ話ですが「エンジニアとしてベンチャー企業設立」「ヤフーでモバイル事業の企画戦略を担当」「現在リンクトイン日本代表」などの情報が提示されたと推測します。編集者としては、著者のキャリアの引きがある部分をプレゼンするでしょうから、そこで提示された情報は求人市場でもタグとして成立すると考えるのが自然です。

実際に、友人や知人などに「自分を他己紹介するとしたらどのように話すのか」と聞いてみるのもよいでしょう。

もしかしたら「チームのムードメーカーです」と紹介されるかもしれませんし、「想定外の事態が起きたときに力を発揮する人です」と紹介されるかもしれません。その中に、自分が気づかなかったようなタグになり得る情報が見つかることもあります。

このように、周囲の人からのフィードバックをもとにタグ付けをしてみて、それが市場でどの程度評価されるのかを確かめていくことはできます。

解放2　転職を考えていなくても、一度市場に出てみる

タグ付けフレームワークの2つ目は、具体的に転職を考えているかどうかにかかわらず、一度「市場」に出てみることです。

具体的には、転職サイトなどに登録してみるのです。

単純に転職サイトの求人を見れば、どのようなタグを持つ人が求められているのかがわかります。それに対して、自分自身のどの要素がタグとなるかを考えていくことはできそうです。

転職サイトに登録するだけでなく、実際に興味を持った会社があれば、面接を受けてみるのもお勧めします。

市場調査の目的だけで、まったく興味のない会社の面接を受けるのは賛成できませんが、本当に興味がある会社であればカジュアルに応募をしてもよい、と私は思います。私自身、後輩からキャリアの相談を受けたときには、「まず、どこかの会社の面接を受けて

みてはどうか」とアドバイスすることがあります。

そもそも面接まで到達できるかどうかで、求人市場における自分のパワーが把握できます。1件も面接までいけない場合は、現状でもう少し成果を出さないと手持ちのタグとして成立しないのかもしれません。あるいは、市場の相場感より恵まれた待遇で仕事をしている可能性も考えられます。

しかも、面接までこぎ着ければ、会社の採用方針や求めている人材像について直接話を聞けるチャンスも得られるので、貴重な機会だと思うべきです。

面接官から受ける質問は、タグ付けの大きなヒントとなります。例えば、「あなたの経歴のこの部分についてもう少し詳しく聞かせてください」と質問された場合、そのポイントが肝であることがわかります。採用側はそこをタグとして認知しているわけです。

仮に、そのときの面接ではうまく答えられなかったとしても、帰宅後に「あの部分は、どうすればもう少し上手に説明できただろうか」と振り返りを行えば、次のチャンスに活かすことができます。

実際に面接を受ける経験は、自分を知る上での大きな助けとなるはずです。

解放3 キャリアコンサルタントをIRと見立て、フィードバックをもらう

転職エージェントのキャリアコンサルタントなどと面会する時間を作って、とにかく話をしてみるのも有益です。外部の視点から、自分のタグを評価してもらうのです。

自分を株式会社と見立てたときに、職務経歴書は有価証券報告書、キャリアコンサルタントはＩＲのようなものです。だからこそ、転職を考えていなくてもカウンセリングとしてキャリアコンサルタントに会ってみることはとても重要なのです。

特に転職エージェントの社員は、今どの業種のどの会社に人材が不足しているのかをよく把握しています。

例えばエンジニアであれば、「こういう言語が書けて、こういう経験がある人は、どの会社ものどから手が出るほど欲しがっている」といった情報を持っています。そういった情報を聞けば、仮に自分がそのタグを持っていた場合、転職に成功する可能性が高いと判断できます。

逆に、自分の手持ちのタグでは勝負できないとなれば、タグを得るための勉強や経験を積まなければならないとわかります。

自分を「株式会社」と考えると…

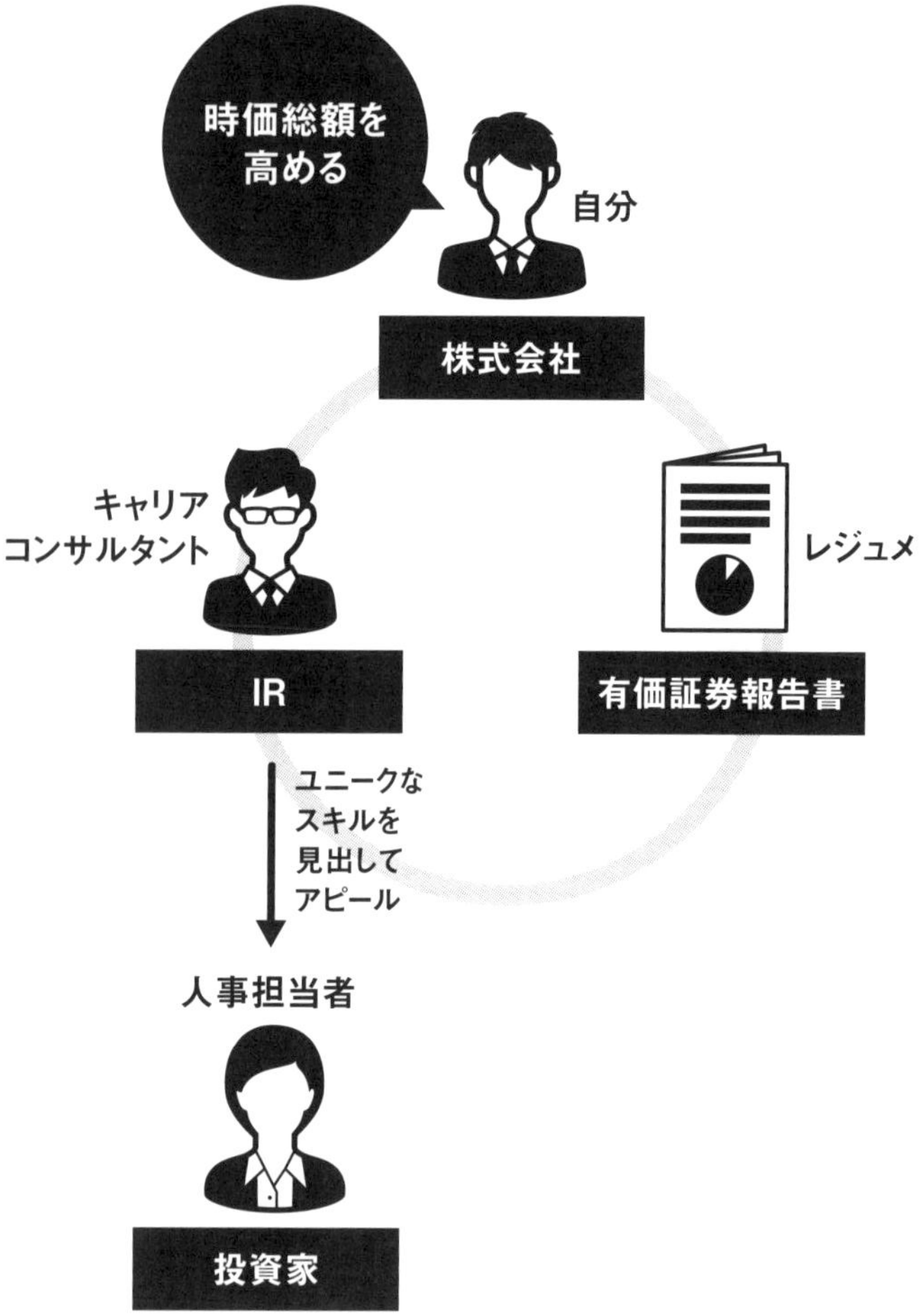

特に大企業の場合は、抱えているシステムが大きいため、新しい技術の導入に時間がかかる傾向があります。新しい技術が登場して、もはや枯れかけた3年遅れぐらいの段階で導入する、といったケースが少なくありません。そのせいで、技術のキャッチアップに遅れてしまっていることもあるので要注意です。

ただし、転職エージェントやキャリアコンサルタントといっても、いろいろなタイプの人がいます。とにかく転職の件数を増やしたいモチベーションの人もいますし、長期的に業界の質を高めるために「意味のある転職」を追求する人もいます。

ですから、自分に合うエージェント、コンサルタントを探すことが大切です。結論から言えば、何人かと実際に会って話をするのが一番です。

また、話すときに、自分の仕事についてきちんと言語化して伝える努力も求められます。

「自分がどういう仕事をしているときに楽しいと思えるのか」

「どこにやりがいを感じているのか」

こういった情報を提供できるのは自分だけです。自分の仕事について伝えなければ、待遇や会社の規模などの表面的な話に終始してしまうことになります。

解放4 自分と似た経歴の人からロールモデルを探す

自分と同じ業界で同じくらいのキャリア、年齢、ポジションにある人のプロフィールをチェックすることで、その人がタグにしている要素を知る方法も有効です。現在の自分に近い人のプロフィールと自分自身を照らし合わせることで、自分のタグになり得るものがつかめるはずです。

他人のプロフィールを見ると、「このタグってアピール材料になるのか」「このタグだったら自分も持っている」といった発見があります。

その発見をもとに、同じようなタグを打ち出してみるのもよいでしょう。SNSなどを通じて、その人が転職に成功したという事実を知れば、タグが有効に機能した証拠ともなります。

もっと言えば、自分にとってあこがれの人、仕事ができる人がどういうタグを持っているのかを調べるのもよいでしょう。

例えば、社内で必ず大きなプロジェクトに呼ばれるエースみたいな人がいたなら、その人がなぜプロジェクトに呼ばれているのかを「タグ」という視点から推理してみる。

これは自分のタグ付けを考えるときにも役立つ視点です。

周りに、ロールモデルとなるような人がいないときは、SNSで探してみたり、インフルエンサーとして活躍する人に注目したりするのも一つの方法です。

インフルエンサーの人が、ネットの記事で取り上げられているとしたら、記事の見出しにはヒントがあると考えられます。基本的に、記事を作る際には、多くの人の興味を引くための見出しを考えます。見出しは、その人を象徴するタグとほぼイコールでもあります。記事の反響が大きければ、タグも強くて市場価値が高いと考えることができます。

タグは発信してこそ意味がある

タグは市場に「認知してもらう」ことで、キャリアにさらに有利に働く

自分のタグは見つけるだけでなく、発信することでさらにキャリアにプラスに作用します。

発信の目的は、自分自身を知ってもらうことにあります。

人は、「よく知らない人」の意見をあまり聞こうとはしません。自分の意見を主張したいなら、まずは十分な自己開示を行っておく必要があるのです。

自己開示として普段からSNS上で情報発信を行っておけば、自分の意見も受け入れてもらえます。それによって、自分のタグを認知してもらえるという好循環が生まれるのです。

発信をするにあたっては、誰に向けて発信するかを意識してください。さしあたって対象となるのは自分が属している業界内であり、取引先の人プラスアルファくらいのコミュニティです。

まずは狭いコミュニティで認知してもらい、徐々に対象を広げていく方法が現実的と言えます。

フェイスブックやツイッターなどでつながっている、近しいコミュニティに対して、自分がやっている仕事や業界ニュースに自分のコメントを添えた情報などを投稿していくのです。

記事をシェアする場合、有名なニュースはたくさんの人がコメントをするので目立ちにくいのが難点です。それよりも、業界紙のニュースや、英語など他言語のニュースを翻訳してコメントをつけたほうが、情報としての希少性を獲得できます。

自分のタグを発信するのを意識しつつ、読み手にとって有益な情報を提供するのがポイントです。肩肘を張らなくても、まずは引用した情報にコメントを添えるだけで十分です。自分が何に興味を持っているのかを提示するだけで、一つの情報発信として成立します。

なお、細かい点を言えば、プロフィールと投稿にもタグを付けておく、写真などのビジュアルを使う、記事を引用する際はOGP（Open Graph Protcol：ウェブページをシェアするとき、ページタイトル・URL・概要・画像を表示させる仕組み）を設定する、などを意識してください。

そして、改めて注意するまでもないですが、ネガティブな投稿、フェイク情報の発信は避けるべきです。ニュースにコメントを添えて発信する際は、フェイクニュースかどうかを軽くチェックしておくのが安全でしょう。

第一想起される人になれ

発信を始めたら、とにかく継続することが大切です。2日に1回、あるいは毎朝1回など、ペースを決めて筋トレを行うときのように、ひたすらやり続けるのです。

最初はまったく反応がないかもしれません。反応がないからといって、あっさり手を引くのは早計です。とにかくめげずにやり続けてください。

発信を継続していけば、徐々に反応も得られるでしょうし、場合によっては自分のことが口コミで伝わるようなこともあり得ます。これが「第一想起される人になる」ということでもあります。

私自身、インタビュー記事などを読んでくださった方からダイレクトメッセージで講演のオファーや執筆の依頼をいただくこともあります。私に限らず、発信をきっかけに「何か一緒にやってみたい」と声がかかる機会はたくさんあると思います。

転職についても、特にエンジニアの間では、ツイッターを通じた転職が現実のものとなっています。具体的には、転職活動をしている人が「ツイッター転職」のハッシュタグで自分の経験やスキルを発信しておくと、それを見て興味のある会社がＤＭで連絡をするような流れです。

逆に、エンジニアを募集する会社がツイッターで人材を募集したり、プロジェクトに興味がある人の参加を呼びかけたりするケースもあります。

副業が許可されているのであれば、お試し的にプロジェクトに参加してみるのもよいでしょう。

発信には一貫性を持たせる

「ツイッター」、「フェイスブック」、あとは「転職に特化したサイト（ビズリーチやウォンテッドリーなど）やビジネスSNS（リンクトインなど）」という3つのツールに同じ情報を投稿するのもよいでしょう。ツイッターはどんな人に届いているのかわかりにくい反面、たくさんの人にリーチできるメリットがあります。転職という意味では、リクルーターの多いビズリーチ、ウォンテッドリー、リンクトインに強みがあります（読者の皆さんの使いやすいものをご使用ください。リンクトインである必要はありません）。

それぞれ受け手の属性に違いがあり、反応も違うでしょうが、どのツールも、投稿に対するエンゲージメントが数字で表されるので、どれだけの人に見られたかを把握しやすいのがメリットです。リンクトインの場合、どういう業種、どういう会社の人から見られているかの詳細データも得られるので、意外な業界で投稿が見られているのがわかったりします。

実際に友人や知人から、自分の投稿についてフィードバックをもらうことも有効です。自分という存在が第三者から見てどう映っているのかをフィードバックしてもらい、修正できる点は修正していく。そうやって発信の精度を上げていく工程は、仕事をＰＤＣＡサイクルで回していくのとまったく同じです。

ちなみに、私の周りで発信が上手な人を例に出せば、澤円（さわまどか　元日本マイクロソフト業務執行役員）さんなどが思い当たります。

「個の力」の重要性を訴えるメッセージと、ご本人の行動が一貫しているだけでなく、ロン毛という強力なビジュアルも自由な生き方に通じています。最初から見た目で攻めるのは難しいかもしれませんが、ある程度認知されてからビジュアルでブランディングをするのは有効だと思います。

見た目のブランディングという意味では、千葉功太郎（ちばこうたろう　元コロプラ副社長、慶應義塾大学ＳＦＣ特別招聘教授）さんなども、メディアに登場するときは常に和服姿の印象があります。

こうしたインフルエンサーの発信から、参考にできそうなところを取り入れてみるのも一つの方法です。

プライベートな発信にさえ価値を持たせる方法

ちなみに、ツイッターなどでは投稿しやすい情報——例えばランチで食べたものやカフェで注文したスイーツなど——を脈絡もなく上げている人が多いのですが、これは順番が逆です。

まずは自分について認知してもらうことが先決です。

自分の意見が共感を得るようになった後に、「このラーメンは、〇〇に特徴があって美味しかった」と発信すれば、その投稿には価値が生まれます。「〇〇さんが言うことだから説得力がある」と思われるからです。ですから、まずは易きに流れず、あくまでも自分の意見を発信することに注力しましょう。

誤解がないように捕捉しておきますが、決してプライベートについて発信するなということではありません。自分が望む働き方や価値観を伝える効果があると思えるなら、プライベートな情報もどんどん発信すべきです。

私自身は、ごくたまに筋トレに取り組む様子を発信することがあります。特にコロナ禍においては意識して発信した部分でもあります。

というのも、私には「経営者は筋トレをすべき」という持論があります。仕事をしていく上で、体力が必要であるのも理由の一つですが、「目標を掲げて達成する」というプロセスに共通点があるというのが大きな理由です。

設定した目標をクリアするために地道に励む、励む過程が孤独だというのも、経営に似たものを感じています。だから、筋トレについて発信する行為は自分のタグとも深く関係しているのです。

第2章まとめ

・自分の市場価値は「需要×供給」で決まる。大切なのは、市場という場を通じて、自分がどう見えるのかをチェックすること。

・市場で通用する強みや適性を見つけることは、すなわち自分のタグを明らかにすることである。自分では気づかないタグが市場で評価されることもあり、同僚や友人、キャリアコンサルタントなど周りの人からのフィードバックを大切にすることも重要。

・タグ付けのフレームワークには大きく「分解」と「解放」がある。

・「分解」のフレームワークには、「レジュメ（職務経歴書）を更新する」「自分の職種をコンピテンシーに分解する」の2つがある。

・「解放」のフレームワークには、「他己紹介からヒントを得る」「転職を考えていなくても、一度市場に出てみる」「キャリアコンサルタントをIRと見立て、フィードバックをもらう」「自分と似た経歴の人からロールモデルを探す」の4つがある。

・タグは自分が認知するだけでなく、市場に「認知してもらう」ことで、キャリアにさらに有利に働く。発信の際は、現職と業界が近しいコミュニティから徐々に広げていくことが望ましい。

第 3 章

自己を高める

「情報収集」から「タグ付けと発信」へ ❷

市場価値向上＝「すでに持っているタグ」×「新しいタグ」

「マーケット思考」を軸に市場価値を高める

仕事は需要と供給が釣り合ったところに成立するものです。職業人としての自分の価値も、「市場」という物差しに当てることによって、初めて計測可能となります。

もちろん、社内でやりたい仕事を手に入れたり、昇進を狙ったりすることは重要です。ですが、自社の中ばかりを見て社外との接点をおろそかにしてしまうと、いざというときに身動きが取れなくなります。

社内と社外の両方を常に見て、どちらのキャリアを選んでも「我慢しない働き方」が実現できるようにしておくことが肝心です。

まずは、第2章で紹介したフレームワークに従い、職務経歴書からタグ付けを行い、発信することで、市場の中での自分の立ち位置を把握することから始めましょう。

そして、今の自分がやっている仕事と同じような仕事の求人をチェックしてみてください。そこにはおおよその収入の目安も提示されています。

求人市場と比較して自分の収入が低ければ、自分の市場価値はもっと高いことが推測できますし、逆に求人よりも現在の収入が高ければ、実は好待遇で仕事をしているのがわかります。

後者の場合は、安易に転職を試みると、より厳しい条件で働くことになりかねません。こういった人は転職以外の方法で自分の望むキャリアを模索しなければならないでしょう。

「いそうでいない人材だけど、多くの企業がほしいと思う人」になる

会社が積極的に募集している職種は、大きく2パターンに分かれます。

一つは、多少人材のバラつきに目をつぶってでも、とにかく人数の確保を重視する職種。フロントの営業職などが代表的です。

そしてもう一つが希少な職種です。市場価値を高める上で目指すべきは、後者の「いそうでいない人材だけど、多くの企業がほしいと思う人」になるということです。

具体的には、新しい職種に就く人、新規事業に携わる人をイメージすればわかりやすいと思います。

日本の企業では数年前から「オープンイノベーション」という言葉が使われるようになり、オープンイノベーション推進室などの部署を立ち上げるケースが増えました。オープンイノベーションとは、社外から技術やアイデアを取り入れ、革新的なサービスを生み出す取り組みを意味します。

オープンイノベーション推進室の立ち上げに参画できるような人は、一部の人材に限られます。ここで、もし新規事業につながるようなタグを持ち、それを発信している人がいれば、声がかかりやすくなるのは間違いありません。

あるいは、少し前から現在に至るまで、多くの企業が求めている人材として「ＡＢＣ人材」という言葉もキーワードとなっています。

「ＡＢＣ人材」とは、ＡＩ、ビッグデータ、クラウドに精通している人材を指します。クラウドに精通する人材一つを取っても、細かく見れば「運用に長けている人」「開発に長けている人」「ビジネスの企画提案ができる人」など、職種は分解されます。つまり、ホットな領域の中には、さまざまなポジションが存在するわけです。

キャリアアップを成功させるには、自分の手持ちのタグを踏まえて、最もホットな領域の中で自分に最適なポジションを見つけることが不可欠です。そこで、自分の強みを活かしながら、少しずつ方向を変え、今までの延長線上のキャリアとは違うキャリアパスに入っていくのです。

一直線上のキャリアアップでは、いつか賞味期限を迎えてしまう

「いそうでいない人材だけど、多くの企業がほしいと思う人」は、基本的にはタグの掛け合わせから生まれます。

同じ企業で同じような仕事を続けていく積み上げ型のキャリアは、一つのタグをひたすら強化していくようなイメージです。

確かに「○○一筋20年」という積み重ねには重みがあります。

ただ、一つのタグを強化し続けた結果、そのタグが賞味期限を迎えてしまったらどうなるでしょうか。

例えば、昔の鉄道の駅には、切符に改札ばさみを入れるのが手早くて正確な熟練の駅員さんがいました。流れるように乗客の切符をさばき、なおかつ定期券の期限切れまで指摘するような熟練の技を持つ人がいたのです。

しかし、今はご存じのように駅には自動改札が設置され、そもそも乗客が切符を購入する機会すら激減しています。もはや「切符を切る」というスキルのタグは消滅していいます。それを踏まえると、タグの一点突破でキャリアを切り開くのはリスクが大きすぎるのがわかると思います。

そこで、タグをかけ算するという手法が役立ちます。タグを掛け合わせた結果、今のキャリアの延長線上とは少し違うポジションに行くようなイメージです。

タグを掛け合わせるときは、一つのタグの強みを活かせるような別のタグを選ぶのがポイントです。

自己の希少性を高めるタグの掛け合わせ方

もう少し具体的に、タグのかけ算の仕方について説明しましょう。

まずは、職務経歴書の情報をもとに、巻末（294ページ）のタグ分類表の「ポジション」「スキル」「業種」「経験」「コンピテンシー」の分類に従ってタグを書き出します。

Aさんの例で言えば「法人営業」「インサイドセールス」「自動車業界」「1年でチームの売り上げを3倍に伸ばした」「顧客のことを理解するのが得意」などのタグが挙げられました。

これは、タグ分類表を見たときに、いわば横にタグを書き出した状態です。人を評価するときには「金融業界の人」「英語を使える人」という具合に、横のタグで見るのが一般的です。

しかし、本書で私が提案したいのは、タグをタグ分類表のタテに掛け合わせて見るという視点です。

私自身の例でいうと、もともとエンジニアとしてプログラムを書くという仕事をしており、これが「スキル」のタグとして確立していました。

当時、私が在籍していたヤフーは、企業買収を多く手がけていました。新規事業につながる企業買収を計画する際、どの技術を手に入れるべきかが問題となります。

そこで、技術の判断ができるエンジニアが求められるようになり、私が買収のプロジェクトに関わるようになりました。そうやって仕事をしているうちに、「この会社は技術がイケてる、イケてない」などと判断し、買収候補となる企業を提案できるのは、私にしか出せない価値であると気づいたのです。

それまではぼんやりと「企業買収みたいなことは、偉くて賢そうな上層部がするものであり、自分が立ち入るような話ではない」と考えていた私にとって、自分が「企業買収を手がけた」という経験のタグを持てることに初めて気づいた瞬間でした。

結果として、「エンジニア」と「企業買収を手がけた」というタグを掛け合わせることによって、自分の市場価値が高まったというわけです。

実際に私は、「企業買収を手がけた」という経験のタグを掛け合わせたことで、これまでのエンジニアとしてのキャリアの延長線上から離れて、リンクトインという場で新たなキャリアを獲得することができました。

人が持っているキャリアのタグは、一つだけで希少なものもあれば、かけ算で希少性が生まれるものもあります。

私のお勧めは、タグのかけ算で希少性を構築する方法です。なぜなら、一つひとつのタグには必ず賞味期限があるからです。

仮に、一つの強力なタグを保持しているとしても、それが5年後にも強力であり続けるという保証はどこにもありません。基本的に希少性のあるタグは確実に陳腐化します。特にスキルのタグは5年も持てばいいほうです。

それを考えれば、一つのタグに固執することのリスクが理解できるのではないでしょうか。

STEP①

どんなタグと掛け合わせるか

市場価値を高めるタグ1

すでに持っているタグと離れたタグ

キャリアの延長線上とは違うポジションに行くためには、マーケット感覚をもとにタグのかけ算を行い、自分の市場価値に希少性を持たせる発想が欠かせません。

本書のロールモデルであるAさんの例で考えてみましょう。

営業という職種は、大きくB to B（企業が企業に対してモノやサービスを提供する取引）とBtoC（企業がモノやサービスを個人に提供する取引）に分かれており、いずれかを専門とする人材はたくさんいます。

しかし、両方を経験していて、どちらも対応できる人は極端に少ないのが現状であるため、Aさんが2つの経験のタグを持っているとすれば、そこに希少価値が生まれます。これが「すでに持っているタグと離れているタグ」をかけ算する代表例です。

また、営業職では単価の違いによって営業スタイルに大きな違いがあります。

非常に安価な商品をセールスするケースと、高額商品をセールスするケースとでは、そもそも仕事の進め方が異なります。億単位の商品をセールスする場合は、社内で稟議書を通すための手続きが必要です。ですから、個人の決裁権で商品を売っている人と営業スタイルに差が生じるのは当然です。

こういった単価の違う商品・セールスの売り方を両方知っている人も「すでに持っているタグと離れているタグ」をかけ算できる人と言えます。

マネージャーであれば、抱えている組織の大きさ、部下の人数などの違いによってマネジメント手法に差が生じます。数人程度のチームマネジメントの経験があり、なおかつ

1000人単位の部署の立ち上げを主導した経験のタグを持っている人なら、非常に希少価値が高い人材となり得ます。

市場価値を高めるタグ2

新しい職種に付随するタグ

タグのかけ算の方法には、新しい職種に付随するタグを掛け合わせるというものもあります。

現在は、多くの企業がDX（デジタルトランスフォーメーション：デジタル技術による業務やビジネスの変革）によって、業務フローや仕事のやり方を大きく転換させている渦中にあります。その中で、新たな職種が生まれています。

例えば、数年前まではデータサイエンティスト、データアナリストという職種はなじみのないものでした。しかし、現在では、「データサイエンティスト」といっても、プログラマー的な仕事をする人もいれば、高度な分析結果を元に営業部門に情報提供をするような仕事をする人もいます。

エンジニアのスキルを持ちつつ、営業サポートをするような仕事が増えつつあるのです。

逆に、データ分析が一般化するにつれて、従来の営業職にもＳＱＬ(Structured Query Language：データを効率よく操作するための言語)スキルなどの需要が高まっています。ビッグデータから営業に必要なデータを抜き出してサマリーにまとめるような作業が、会社の営業力、ひいては売り上げ・利益と直結するようになっているからです。

そのため、営業のスキルとエンジニアのスキルを両方持っているような人は、市場において非常にレアであり、非常に好待遇で迎え入れられる状況があるのです。

少なくとも、今現在、人材が足りていないポジションには必ず求人が出ています。それは、現在において価値が高いポジションということでもあります。

今後、時代の変化とともに、新しい職種、新しいポジションが次々と誕生するのは確実です。新しい職種・ポジションをターゲットにしておかなければ、自分の生き残れる場所は、ますます狭まるだけです。常に新しい職種、ポジションに目を向けることが肝心です。

市場価値を高めるタグ３

ホットなタグ

タグの掛け合わせとして、既存のタグとホットな領域のタグを掛け合わせる方法もあります。

今成長しているホットなマーケットには、ホットなタグとなり得る要素が確実にあります。

今伸びている会社は、社会的に注目されるようなホットな事業を展開しています。競争力の源泉がそこにあるからです。つまり、伸びている会社で仕事をすれば、必然的にホットなタグを獲得できるという理屈です。

今伸びている会社は、端的に言えばITセクターに集中しています。世界の企業の時価総額トップ10の半分以上をアップル、マイクロソフト、アマゾン、フェイスブックなどの巨大IT企業が占めていることからも、それは明らかです。

巨大IT企業がなぜ伸び続けているかというと、前述したABC（AI、ビッグデータ、クラウド）という領域を確実に押さえているからです。

そしてもう一つ、伸びている企業に共通しているのは、社会的責任を果たそうとするスタンスです。従業員満足度の向上に注力する企業、SDGsに集約される社会的な課題（貧困問題や環境問題など）に取り組む会社は、今後成長の余地があります。

STEP②

どうやってそのタグを手に入れるか？

転職エージェントのコンサルタントから情報を収集する

新しいタグを入手するには、今どんな職種が新たに生まれているのか、どんなプロジェクトが立ち上がっているのか、社会的な関心を集めているのは何かという情報をキャッチしておくことが求められます。特に社外の動向に敏感であるのが望ましいでしょう。

社外の情報を得る方法としては、信頼できる転職エージェントとつながり、そこから情報を得るやり方が有効です。

企業は新規事業を立ち上げるにあたって、まずエージェントを通じてリクルーティングを行うことがあります。そのため、エージェントの担当者やキャリアコンサルタントなどの採用に関するプロは、ネットにも出ていない最新の情報を持っている可能性があります。

こういったプロとつながっておくと、「面白いプロジェクトの動きはありますか？」と質問することができます。自分の職務経歴書を見てもらった上で、「こういう職務経歴の場合、需要が高いお勧めの職種はありますか？」「キャリアアップにつながるような職種は何ですか？」などと尋ねるのもよいでしょう。

先方から「こういう仕事があるけど、どうだろう？」と打診してもらえる場合もあります。

差し迫って転職の意思がないのに、転職業界の人と接触してもよいのか、と腰が引けてしまう人がいるかもしれません。

しかし、まったく心配無用です。むしろ、そこで転職を強く迫ってくる人とは距離を置くことをアドバイスします。そこに、信頼度を図るバロメーターがあります。

信頼できるエージェントは「キャリアは長期的な視点で考えるもの」という認識を共有

しています。長期的なキャリアにプラスになる提案をしてくれる存在でもあります。とにかく転職を勧める人は、転職させたことによるインセンティブだけに執着しています。「こんな条件はめったにないので、今すぐ行動しないと損ですよ」などとあおって決断を促します。押しの強さに違和感を持ったら、拙速に受け入れないのが得策です。

とはいえ、必要以上に警戒しないでください。エージェントと採用企業との間で、「試用期間中に離職をしたら、コンサルフィーを返上する」などの契約をしているケースが多く、一定の自主規制は働いているからです。

なお、転職エージェントの担当者には、国家資格であるキャリアコンサルタントの資格を持ち、キャリア相談に重きを置いて活動している人もいます。あるいは、エージェントの担当者が介入する以前の受け皿として、キャリア相談窓口を設けている会社もあります。ですので、まずはキャリアコンサルタントなどに「キャリア相談」という形でアプローチするのもよいでしょう。

スタートアップの動向を見る

スタートアップの動向を見るのも一つの手です。

成長しているベンチャー企業は、基本的に成長につながる事業を行っているものです。

つまり、そこで求められる職種は、その時点で新しくホットな職種だと言えます。

ただし、スタートアップといっても内実は玉石混交です。順調に伸びる会社だけとは限りません。

伸びるスタートアップを探すときは、ベンチャーキャピタルのポートフォリオ一覧を見て、会社をピックアップするのは最も効率的です。

日本の場合、グロービス、インキュベイトファンド、YJキャピタルといった、有名なベンチャーキャピタルがいくつかあります。そういったところのホームページを見ると、出資済み企業に関する情報が開示されています。

ここで名前が出てくる会社は、少なくとも一回はビジネスモデルを精査した上で、出資が行われているわけですから、成功確率が高いという予測が成り立ちます。

タグ入手法1 現業でタグが手に入る仕事を得る

最新情報を知った上で、新しいタグを手に入れるための1つ目の方法は、現業の中で新しいタグにつながる仕事をすることです。目指すタグに近い業務を取りに行く、もしくは作り出すのです。

転職においては、現業の仕事である程度の実績を出しておいて損はありません。会社で実績を出して昇進すれば、転職にも多少プラスに働きます。

現業で成果を出すためにも、社外で今どういう職種が生まれているのか、どんなビジネスモデルがもてはやされているのかを知る努力が不可欠です。社外に目を向けることで、今の仕事にプラスアルファをもたらす要素が見つかる可能性が高まります。

今、社内でどのような立場にあるかによって、社内で新しい仕事をするにも限界はあるでしょうが、会社にとって価値のある提案をすれば、受け入れられやすいと思います。

Aさんの例で言えば、営業手法にリモートの要素を取り入れたり、社内SNSを活用してチームのメンバー同士の情報共有を進めたりするなどの取り組みはできるかもしれません。対面によらない営業手法やコミュニケーションの手法は、今後しばらくは加速すると考えられるからです。

与えられた仕事をこなすだけでなく、こういった新しい要素を取り入れて、何か会社に貢献することを意識してください。時代の変化に即応し、新しい試みをして成果を出せるというのは、重要なコンピテンシーの一つであり、どの会社でも通用する人材には欠かせません。

すぐに新しい試みができない環境にあるとしても、「こういう手法に興味があります」「こういう仕事をしてみたいです」などと、社内で発信し続けることには意味があります。

発信することが認知につながり、チャンスにつながるのは社内でも同じです。発信を続けていれば、それが一つのブランドとなり、チャンスが舞い込む確率は高くなります。

少なくとも、社外でブランディングをするよりも、社内でブランディングをするほうが全然ラクです。普通に同じことを発信し続けるだけで、認知してもらえるのですから。

タグ入手法2 そのタグが手に入る仕事に転職する

新しいタグを入手する第2の方法は、タグが手に入る仕事に転職することです。

現業で経験を重ね、成果を出すことは重要です。しかし、経験は時間に伴って得られるものでもあり、経験を重ねているうちに時間を浪費することにもなりかねません。

現業で、賞味期限が短いスキルばかり身につけていたのでは、経験に反比例して自分の市場価値が下がる恐れもあります。

その場合は、会社を飛び出して直接新しいタグが得られるような職種に就いたほうがよいと判断できます。

成長マーケットの中でも、会社はめまぐるしく興廃を繰り返しています。理想を言えば、成長途上にあり、かつ自分の興味のある仕事をしている会社に飛び込み、5～10年のサイクルで転職を重ねていくのが、最も市場価値を高める方法だと考えられます。

繰り返しになりますが、社内外をフラットな目線で見て、どちらにも動けるようなマインドを維持しておくのが理想と言えるでしょう。

スキルのタグを高める方法

英語のタグはまだまだ需要がある

ここからは、これからの時代に有効となるスキルのタグを得る方法について考えてみたいと思います。

まず、スキルのタグの中では、英語力のタグは、まだまだ需要が高いだろうと予測できます。手持ちのタグと、英語のタグをかけ算できる人材は、日本においてかなり不足しているのが現状です。

英語のタグ付けというと、TOEICで一定以上の点数を獲得することで得られるイメージがあるかもしれません。

確かに、TOEICの成績などはわかりやすい定量指標ではあります。ただ、私の実感としてはTOEICが指標として機能するのは600点くらいまで。それ以上では、必ずしも点数と仕事のレベルとが比例するとは限りません。

TOEIC600でも仕事ができる人はいますし、海外で働くという実践に踏み出すスタートラインとしても十分です。逆に、800を超えても、あるいは満点でも英語を使って仕事ができない人はごまんといます。

ビジネスにおいて英語力は、大きく2ステップで伸ばしていくのが一般的です。まずは、絶対的な基礎力をつけること。基礎力の目安となるのが、TOEICのスコア600です。

一方で、英語を使って仕事をするのは、また違った種類のスキルと言えます。

ですから、ある程度基礎力を身につけたら、副業でもボランティアでもよいので、何かしら実践の場で英語を使う経験を積み重ねるのが一番です。

あくまでも重要なのは、英語を使って仕事をして、その仕事で成果を出すということ。

英語力を使って海外の顧客を獲得して売り上げを上げた経験や、英語が必要なプロジェクトでマネジメントをした経験などは立派な成果として認められます。

極端に言えばTOEICのスコアがなくても仕事はできますし、市場価値は高められるのです。

プログラミング思考が生産性を劇的に高める

英語以外のスキルとしては、プログラミング思考には優位性があるでしょう。

これは、必ずしもプログラムを書くスキルではなく、あくまでプログラミング的な思考を学ぶことを意味しています。

コードを書くようにロジックを立てて考えるスキルは、確実に今後仕事をしていく上でも不可欠になると予想されます。これは、従来からある「ロジカルシンキング」とは似て非なるものです。

ロジカルシンキングは、何か定性的な課題に対して、分析から原因特定、課題解決に至るまでフレームワークに従って思考していくこと。

一方プログラミング思考とは、一言で言えば、コンピュータを活用して問題解決を進めていくということ。

例えば、今、手作業で行っている仕事があったとして、「エクセルでマクロを書いたら非常に効率的なのに」と思うことがあります。今後、もっと高度な作業についてもコンピュータを活用して解決できるようになれば、現場の社員には「どの作業をコンピュータに任せるべきか」を肌感覚で見極める能力が求められるようになります。

この能力を下支えするのがプログラミング思考です。今後、プログラミング思考を持つ社員がいる職場では、生産性が飛躍的に向上していくため、ますます需要が高まるのは必至です。

プログラミング思考を身につけるには、プログラミングを学ぶのが最も手っ取り早い方法です。現在では、各種オンライン講座も充実しています。ＩＴとは無関係の文系社員でも、受講できるコースはたくさんあります。

あるいは子ども向けの教育用プログラミングソフトに触れておくのも一つの方法です。

自分が生み出す〝バリュー〟を意識する

今後、働き方改革が浸透していけば、時間をかけて成果を出していく働き方ではなく、単位時間あたりの生産性を高める働き方へとシフトすることが求められるようになります。生産性を高めるためには、まずは自分が期待されている役回りを確認し、バリューを出すことに全力を注ぐ姿勢が肝心です。

私自身、自分のことを「お座敷芸人」であると認識し、呼ばれたお座敷でいかにバリューを出すかを最重要課題としています。

本業の仕事でも、会議の場でも、あるいは副業として打ち合わせの場に同席するときも、その場の期待値を上回るバリューを出さなければ次の機会はない、という意気込みと危機感を持って臨んでいます。期待を上回るバリューを出していれば、必ずキャリアアップへの道が開かれます。

また、これからの職場では、属人的な働き方を廃して、チームで成果を出す働き方が主流となっていきます。特にマネージャーにとっては、チームでいかに大きい成果を出すかが最大の評価ポイントとなります。

チームで成果を出すためには、メンバーと定期的に1on1ミーティングの機会を作り、仕事の話はもとより、プライベートも含めて情報を共有しておく必要があります。私自身、お互いに情報開示がしやすくなるように、プライベートも含めた自分の情報も積極的に開示するように心掛けています。

そもそも人は仕事とプライベートを明確に分けられるものではありません。私が、職場のメンバーとコミュニケーションを取るときにも、それを強く実感します。

ですから、私が1on1ミーティングをするときには、「仕事と関係ないことでも構わないので、一番今気になることは何ですか？」という質問から会話を始めるようにしています。

例えば、あるメンバーは「子どもが熱を出しているから心配で仕事が手につかない」と思っているかもしれません。また別の人は、飼っている猫の病気が気になっているかもしれません。プライベートで問題が起こると、どうしても仕事のパフォーマンスにも影響が生じます。

誰しもが毎日一定のパフォーマンスを発揮できるわけではなく、いろいろな問題のせいで、時にはモチベーションが下がってしまうことがあります。

モチベーションが下がっているときに、無理に仕事をさせようとしても逆効果です。あるメンバーが低調になっていたら、別のメンバーに頑張ってもらうなど、常にチーム内のバランスを取りながら成果を出していくのがマネージャーの仕事なのです。

仕事外の経験もタグ化できる

前項の「チームで成果を出す働き方」に関連して、仕事外の経験をタグ化するという発想もご紹介しておきたいと思います。

転職のためのタグというと、「仕事に関わるもの」という思い込みがありますが、目線を変えれば、実は仕事外の経験も強力なタグとなり得ます。

最近は大企業を中心に、キャリアにブランクがある人、特に育児を理由に仕事から離れていたワーキング・マムを積極採用するスタンスが主流となっています。

ワーキング・マムを積極採用する背景にはいくつかの要素があります。

一つは、ダイバーシティの観点から女性社員や女性管理職者数を確保したいという企業側の意向です。そこには当然、慢性的な人手不足の中で、育児や介護を抱えた人にも離職せずに働き続けてもらったほうがいいという考えもあります。

もう一つは、育児などの仕事外の経験をキャリアのタグとして認める動きです。

そもそも、子育て世代に商品やサービスを提供している企業の場合、子育て世代の消費者目線を持つ人材には大きな価値があります。

また、仕事と家事・育児を両立している人は、効率的な時間の使い方を追求しており、その経験が職場にもプラスになると期待されています。

例えば、17時に保育園のお迎えに行かなければならない人は、17時までに仕事を終えるため、段取りよく仕事を進める習慣が身についています。

さらに、職場内に育児中の社員が一人いると、周りの人の働き方にも影響を与えます。例えば、子どもが急に熱を出して社員が早退を余儀なくされると、周りのメンバーがサポートしながら仕事を回していきます。

こうした仕事の仕方は、不確実性の高い時代において非常に有効に機能します。誰もがエンドレスに残業ができる環境よりも、育児中の社員がいる職場のほうが生産性が高くなるというわけです。

加えて、仕事と育児を両立できる人材は、将来的に仕事と育児の両立を目指す若い世代の社員のロールモデルにもなり得ます。まさにいいことずくめです。

では、キャリアにブランクがある人は、どのように復職の道を探るのがよいのでしょうか。

これについては、ネットワークが大きな力を発揮します。例えば、先行して復職した前職の同僚から採用情報を教えてもらう方法や、ワーキング・マムの採用に積極的な会社の人事担当者とSNS上でつながるなどの方法が有効です。

他には、ワーキング・マム向けのワークショップやイベントに参加してみるのもお勧めです。

とにかく、キャリアのブランクを持つ人は必ずしも転職で不利とは言えません。今は多くの会社で柔軟な働き方が許容されるようになっており、時短勤務でありながら重要な仕事を任されている人もいますし、管理職を立派にこなしている人もたくさんいます。

キャリアのブランクはマイナス要素ではなく、むしろ「子育て経験」という貴重なタグを持っていると前向きに捉えるべきでしょう。

第3章まとめ

・市場価値向上の基本は「マーケット思考」。職業人としての自分の価値も、「市場」という物差しに当てることによって、初めて計測可能となる。

・「○○一筋20年」という一つのタグの積み重ねは、そのタグに賞味期限が来てしまったときに対応できないリスクがある。そのため、複数のタグをかけ算するという発想が重要になる。

・市場価値を高める上で目指すべきは、「いそうでいない人材だけど、多くの企業がほしいと思う人」。これはタグの掛け合わせから生まれる。

・タグを掛け合わせる際は、タグ分類表の「ポジション」「スキル」「業種」「経験」「コンピテンシー」で挙げた各タグをタテに掛け合わせる。

・自分のタグにどんなタグを掛け合わせたらいいかを考えるときは、「すでに持っているタグと離れたタグ」「新しい職種に付随するタグ」「ホットなタグ」の3つから考える。

・タグを実際に入手する方法としては主に2つ。「現業でタグが手に入る仕事を得る」か「そのタグが手に入る仕事に転職する」。

・これからはどの仕事をコンピュータに任せるかという「プログラミング思考」が重要になる。

第 4 章

業界を見極める

「スキル思考」から
「ポジション思考」へ

業界選びはポジション選び

ポジションを明確にしないと、キャリアを積むごとに苦しみが増える

本書では、「目指すポジションを明確化すること＝ポジション思考」の重要性についてお話ししました。ここで言う「ポジション」とは役割のこと。ジョブディスクリプションや求人票には、そのポジションに何が求められていて、何を達成すべきなのかという仕事の責任範囲が示されています。

それを見ると、ポジションは決して業界に紐づいているものではなく、業界をまたいだ

横断的なものであることがわかります。

例えば、一番わかりやすいのは営業職です。どの業界にも「営業」という職種はありますし、営業に関わるポジションもあります。

ポジションという視点で考えれば、すべての業界・業種を選択肢のテーブルの上に載せることができます。その中から、伸びている業界を選べばキャリアアップにもつながる転職ができます。

ところが、現実には「同じ業界内で転職したほうが成果を出しやすい」とする俗説がさまざまに聞かれます。そのせいで、みんなが「自分は○○業界のことしか知らないから、他の業界では通用しないだろう」と思い込んでいます。

一つの業界での経験が長くなるほど、「この業界でしか生きられない」という思い込み・呪縛は強化されます。

特に30代、40代になってからの業界チェンジには心理的なハードルがあります。自分が属している業界の外がどうなっているか見当がつかず、コネクションもないので、ますます業界内に閉じこもろうとする傾向があります。

思い込みに縛られ、「とにかく今の会社を抜け出せればそれでいい」というスタンスで転職活動をすると、転職先の選択肢は極端に狭くなってしまいます。

目指すポジションを明らかにしないまま転職サービスを利用すると、転職エージェント側から一方的に会社へと押し込まれることになります。

会社によっては不足しているポジションもたくさんあり、条件を問わなければ転職エージェントからの提案は確実にあります。

転職エージェントは、人を動かして転職させることで利益を得ています。不足しているポジションへとどんどん転職をしてもらったほうがありがたいのです。

それがいい・悪いということではなく、転職サービスを利用する場合には、必ずこの力学が働くことを知っておく必要があります。そうでなければ、相手に言われるがまま新しい会社に押し込まれ、実際に入社してから苦労することにもなりかねません。

現に、ＩＴエンジニアなどは人材不足が顕著なため、エージェントによっては、あまり適格がなさそうな人を入社させてしまうケースが後を絶ちません。

「もともと初心者に近い人が多いし、あとはＯＪＴでスキルを身につければなんとかなるだろう」

そんなふうに、エージェント側も受け入れる会社側も状況を甘く見ている節があります。

確かに、入社してから頑張ってスキルを習得して伸びる人はいます。けれども、大半は実際に入社してから、スキルがまったく足りず通用しないのを知って愕然とします。周囲の同僚からも「どうしてこんな人が入ってきたの？」という目で見られて、精神的に追い詰められてしまう事例が多いのです。こういうミスマッチは本人にとっても会社にとっても不幸です。

私は業界をまたいだキャリアチェンジには賛成ですが、同じ業界で転職するにしても、異なる業界に飛び込むにしても、目指すポジションを明らかにしておくことは大切だと思います。

ポジション思考なら、異業種への転職はまったく難しくない

人が転職を考える理由の一つに「収入を上げたい」というものがあります。

収入を上げるためには、売り上げ・利益が伸びている会社に転職する必要があります。給料やボーナスは、会社の利益の中から生み出されるからです。

同じ業界内で給料の水準に限界がある、または現在の会社で業界水準よりも高い収入を

得ている場合、業界内で転職をしたところで収入を上げるのは困難です。

つまり、収入を上げるという観点に立てば、伸びている業界に飛び移ったほうが有利です。

繰り返しますが、大切なのは目指すポジションを明確にすることです。ポジションを明確にすれば、今の手持ちのタグを活かしながら、新たな業界に飛び移ることも可能です。試しに、今自分の手持ちのタグで求人を検索してみてください。今、自分が属しているのとは別業界の職種が見つからないでしょうか。

同じタグを必要とする業種・職種は複数あります。例えば、法人営業の経験は、別業界のマーケティングの職種やお客様サポートに関わる部署でも求めている場合があります。

前述したAさんの場合、法人営業職を募集している別業界の会社に転職する選択肢もありますが、お客様サポートに関わる職種を募集している別業界の会社に転職する道もあります。

どの業界も「ポジション」という横串を通せば、異なる業界とのつながりを見つけることは可能です。ポジション思考で業界を選べば選択肢の幅が広がるのです。

本書では何度も繰り返していますが、自分で通用しそうに思える他業界のポジションを見つけたなら、実際に応募してみてはいかがでしょうか。

実際に入社する・しないは自分の自由なので、まずはオファーがもらえそうかどうかを探ってみるのです。実際に行動してみて、どんな業界またぎができるのかを体感的に知ることができます。

ポイントを一つに絞り込む

業界を選ぶにあたっては、まず自分が仕事をするときに重視する項目を3つ挙げてみましょう。「収入」「自由な時間」「通勤時間の短さ」「フレキシブルな勤務時間」「在宅勤務」など何でも構いません。

トップ1〜3を選んだら、それを一つに絞り込みます。

私が転職の相談を受けるとき、「重視する項目を一つに絞ってみて」と言うと、ほとんどの人が「うーん」と考え込みます。なかなか一つに絞りきれないのです。

実は、一つに絞るというのは大きなポイントです。

キャリアに限らず、経営でもプライベートでもそうなのですが、あれもこれもと欲張ると、結局は選ぶことができなくなり、「面倒だからこのままでいい」という結論に陥りがちです。

一つに絞り込めば、それが現時点での自分のキャリアの軸となります。

軸が固定できれば、自然と方向性が見えてきます。「最も重視する項目を、一番簡単に実現できる業界」を考えてみればよいのです。

そうすると、例えば、「どうしてもプライベートの時間を増やしたいから、伸びはそこそこだけど安定していて、あまり忙しくない業界に転職する」などと判断できるようになります。

また、何をキャリアの主軸とするかは、ライフステージによっても変化します。おそらく人生において3～4回は変化するのが一般的ではないでしょうか。

キャリアの軸は一つに固執することなく、フレキシブルに考えるべきです。私の場合で言うと日本のモバイルインターネットに取り組むというのを主軸にしていました。その軸は1998年から2017年まで、およそ20年にわたって不変でした。いよいよ、その軸が寿命を迎え、次の軸を立てるために転職したという感じです。

何を軸にしていいのかがまったくわからないときは、理想的な働き方をしているロールモデルを見つけて、その人のキャリアの軸を自分に置き換えてみる方法はあります。

ただし、軸を決めるのはあくまでも自分自身。他人のキャリアを参考にするのはよいですが、最終的には自分の意思で決めることが重要です。

業界の固定

STEP1 業界を固定する

転職をすれば、仕事の進め方などさまざまな変化を経験します。覚えるべきことも多く、最初は非常に苦しい思いをするはずです。

そのため、私は業界とポジションが同時に変化するような異業種間転職に対して、積極的に賛成はできません。転職を考えるときは、「同業界だけど別のポジション」、もしくは「ポジションは同じで別業界」というずらし方が基本となります。

まずは、業界を固定した場合について考えてみましょう。

具体例を出せば、私がヤフーに在籍していた時代に、デザイナーやエンジニアとして働いていた人が、ディレクターやプロダクトマネージャーのようなポジションを得て、同業他社に転職するケースを頻繁に目にしました。

特に最近、ＩＴ系のプロダクトマネージャーは、エンジニアのバックグラウンドを持ち、ものづくりの原理を知っている人のほうがパフォーマンスを発揮しやすいという理解が共通認識となっています。


私自身、ヤフーではプロダクトマネージャー（社内では「サービスマネージャー」という名前のポジションでした）にエンジニア出身者をたくさん充てるようにしました。それまでは文系出身のプロデューサーみたいな人が多かったのですが、半分以上をエンジニア出身の人材に入れ替えた記憶があります。

その結果、デザイナーやエンジニア、営業職とコミュニケーションを取りながら運用を進めていく上で、非常に物事がスムーズになる効果があったと実感しています。

これが業界を固定してポジションを変化させる一例です。

STEP2 市場価値が高まるタグが得られるポジションを選ぶ

業界を固定して、違うポジションに転職する場合、需要の多い〝熱いポジション〟を狙うのが原則です。

とはいえ、市場で熱いポジションと現在の自分があまりにもかけ離れている場合、一足飛びにそのポジションに移ろうとするのは危険です。この場合は、２ステップくらいの転職を経て目指すポジションに行き着くような戦略を立てるべきです。

また、ポジションの賞味期限は誰にも見通すことができません。５年後、10年後を見据えてホットなポジションを選ぶのは現実的には難しいので、それよりも5年後、10年後に自分がどうなっていたいかを考えることが先決です。

転職先のポジションに就くことで、どんなタグを得たいのか。そのタグをもとに、次のステップではどんなポジションを目指すのか。二手先くらいまでのポジションとキャリアパスを想像しておくのが理想です。

キャリアパスのビジョンがしっかりしていれば、目先のポジションが一般的に熱くなくても、自分にとっては熱いポジションになります。市場価値を高める要素が得られれば、熱いポジションであると断言できるのです。

まずは、自分を最強にするために、どんな要素が必要なのかを考えてください。

それは経験なのかもしれませんし、スキルや学びなのかもしれません。例えば、どうしてもMBAというタグが必要となれば、経営大学院などで学ぶ必要が生じます。あるいはマネジメントの経験が必要となれば、マネジメントに携わるポジションに就けばいいということになります。

何度も繰り返しますが、自分が最強であるかどうかを決めるのは、あくまでも市場です。求人市場で確実に求められる人と現状の自分とのギャップから、自分に足りない要素を見つけて、それを埋めていく努力をする。この視点を意識しましょう。

なお、選択肢となるポジションが複数あり、現在のポジションとの距離もほぼ同じくらいのときは、キャリアの軸との整合性を見れば、自ずと優先順位が付けられるはずです。

例えば「収入を上げる」という軸が明確になっている人は、最も収入の高いポジションを選ぶことができます。

ただし、今回の転職で収入が上がったとしても、次の転職の選択肢がなくなったら本末転倒です。やはり5年後、10年後を見据えた上でポジションを選択するのが原則です。

業界選びフレームワーク②

ポジションの固定

STEP1 ポジションを固定する

他業界への転職を考える場合は、現状のポジションをある程度固定することがポイントとなります。

私の周りにも、ポジションを固定して近い業種や異業種に転職した人はたくさんいます。リンクトインで私の部下として働いている人には、ネット業界・外資系の会社は初めて経験するという人が結構な割合で存在します。例えば、前職では半導体のBtoBのセールスに携わっていた人が働いていたりします。

リンクトインで働くにはどうしても英語のスキルが必須なので、そうやって広範囲に人材を採用しているという事情もあります。

他業界から転職してきた人は、最初の3カ月くらいは慣れるまでに大変そうですが、一定の時期を乗り越えれば、きちんと戦力として活躍しています。


他業界に転職するとなると、年齢によるハードルを感じる人もいることでしょう。

確かに35歳まで、あるいは40歳までを転職またぎの「定年」とする風潮があるのは否めない事実です。

そもそも、どうしてこのような風潮が生まれたかというと、もともと一定の年齢以上の転職が「管理職の転職」を意味していたからです。

業界や会社によって、マネジメントの仕方には大きな違いがあり、管理職が異業種に転職する場合、適応が難しいという問題があります。現実に、前職のマネジメント手法をそのまま持ってきたがゆえに、新しい職場で失敗するパターンは珍しくありません。

そのため「異業種に転職するなら、管理職に就く手前の年齢がボーダーライン」という暗黙の制限が設けられるようになったわけです。

もっとも、現在のトレンドとしては、あまり年齢を問わない方向にシフトしつつあります。今、多くの会社が重視しているのは、何かを新しく始めた、何かを学んだことによって成果を出したという経験です。

その経験が認められれば、40代であっても「この人はフレキシブルに学ぶことができるため、入社後も短期間で集中して教えればすぐに戦力となり得る」と思ってもらうことができます。

すでに外資系企業では、採用の際にそもそも性別や年齢を確認することがありません。チェックしているのは職務経歴書と本人の受け答えだけです（もちろん並行してリファレンスチェックなども行います）。アメリカやヨーロッパでは、専門職は年齢に関係なく、現役でバリバリ働いています。

私自身、リンクトインの中で働いている人の実年齢がわからないことが多々あります。大学の卒業年度から類推したりするのは可能ですが、本人から直接聞かない限り、年齢を確認する術がないのです。

今後、日本の会社でも「○年勤めたら課長になる」「部長になる」という慣例が急速に崩壊する可能性が非常に高いと予想されています。

そもそもマネジメントと年齢は無関係であり、スキルさえあれば何歳であってもマネジメントはできます。ですから、これからの管理職には年上の人材をマネージするスキルが求められるようになるでしょう。他業界への転職を考える際には、こうした現状を知っておく必要があります。

STEP2 市場価値が高まるタグが得られる業界を選ぶ

ポジションを固定して異業界に転職する場合は、市場価値が高まるタグが得られるかどうかを意識しましょう。

私にとって、今回のリンクトインへの転職は、業界またぎの転職に分類されるものでした。どちらかというとＩＴ業界というよりも、一般的には人材業界とみられる会社で働くことになったので、最初の３カ月は覚えるべきことも多くて一苦労しました。

また、これまではほとんど経験していなかった営業に関わる仕事にも携わるようになり、本当に新卒に戻ってイチから仕事を学んでいるような気分になりました。

自分でパワーポイントの資料を作成して、顧客のもとへ持参してプレゼンをする。そんな経験の一つひとつが貴重であり、今では「ＢtoＢ営業」のタグが完全に得られたとの実感があります。

あるいは、伸びる業界を選ぶというのも、価値の高いタグを得る手っ取り早い方法ではあります。

前述したように、現在は異業種のかけ算によって新しい事業に取り組もうとするオープンイノベーションの取り組みが加速しています。とはいえ、単純に異業種同士を結びつければコラボレーションが成立するというほど簡単な話ではありません。

それぞれの業種についての知識があり、両者をつなぐ人材が橋渡しをすることで、結びつきから価値が生まれます。こういったイノベーション人材は、求人市場では非常に少なく、どの会社からも重宝がられています。

オープンイノベーションの取り組みを見ていると、ほとんどのケースでＩＴがかけ算のベースとなっています。これは、引き続きＩＴが伸びている証拠でもあります。

例えば、ロボット工学の分野では、昆虫行動学に学ぼうとするトレンドがあり、昆虫学者とロボット工学の研究者が共同して研究を進めるような事例が見られます。

あるいは、折り紙の研究者が宇宙工学の分野に関わるような事例もあります。ソーラーパネルなどの構造物はロケットに詰め込む必要があり、小さく折りたたんで広げるための技術が重視されているからです。

こういったコラボレーションの事例は枚挙にいとまがありません。

そのようなことから、ＩＴに関わる業界を選べば、市場価値の高いタグが得られやすいと考えるのが自然です。

どのポジションが熱いのかを知る

定期的に求人情報を検索する

目指すポジションが熱いかどうかは、需給バランスで決まります。需要が供給を上回っていれば、そのポジションは熱いと言うことができます。入札者が多ければ価格がつり上がるオークションのようなイメージです。

今後の日本は、労働人口が減少局面に入っているため、すべてのポジションが基本的に熱め傾向ではあります。ただ、その中でも熱いポジションを知るには、求人情報を見るのが比較的簡単な方法です。

会社が求人情報をオープンにしているということは、少なくともそのポジションに需要があるということ。ただし、瞬間を切り取るよりも、定点観測のように継続して動向をチェックしたほうが、より正確な判断材料が手に入ります。

定期的に求人情報をチェックすると、いつまでも埋まらないで空き続けているポジションがあることに気づきます。

この場合、いくつかの理由が考えられます。例えば、ポジションのハードルが高すぎて、そもそもポジションに就ける人が極端に少ない。あるいは、待遇がブラックで、入れ替わりが激しい。もしくは、その会社が何か特別な条件を求めている可能性もあります。

つまり、求人情報はポジションの熱さを知るだけでなく、会社そのものを知る上でも非常に重要な情報源の一つです。雇用統計が景気の指標として重視されているのと同様に、個別のポジションにも会社の業績はリアルに反映されます。

基本的に、積極採用を続けている会社は成長が持続していると考えられます。逆に、ある時期まで大変な勢いで採用活動を行っていたのに、急にピタッと止まった場合は、業績の急速な停滞や悪化が考えられます。

私が前職でベンチャーキャピタルに関わっていたときは、非公開会社の景況を調べるために、求人情報を定点観測していました。特定の領域について人材を探している場合は、何か新規事業に取り組もうとしているのではないかという推測が成り立つからです。

具体例を出せば、私はアマゾンがスマートスピーカーを開発することを、かなり早い段階から予想していました。というのも、アマゾンが一時期、ハードウェアの経験があるエンジニアや音声認識のエンジニアを募集しているのをチェックしていたからです。のちに「アマゾンエコー」がリリースされたときに、「あのときの採用は、これを作るためだったのか」と思ったのを覚えています。

事業を進めるのはあくまでも「人」です。ですから、どんなに情報開示に消極的な企業でも、求人情報は出さざるを得ません。

求人情報は会社の現在と将来を的確に表しています。興味がある会社については、本格的に転職を検討する前から求人情報を定期的にチェックすることをお勧めします。

そして、空いているポジションにすぐに飛びつくのではなく、そのポジションがどうして熱いのかをある程度把握した上で、転職に踏み切ることが肝心です。

キャリアコンサルタントを利用する

熱いポジションを知る上で、キャリアコンサルタントに直接話を聞くというのは効率的な方法と言えます。

キャリアコンサルタントは、会社から依頼を受けて人材を探す仕事をしています。そのため、今どんな人材が求められているのかという最新の情報を持っている立場にあります。彼らに、直接「今、どんな求人の市場価値が高いと思いますか？」と質問すれば、熱いポジションについての情報が手に入ります。

私自身、リンクトインに転職する際は、エグゼクティブサーチの会社に自分から連絡を取って話を聞かせてもらったり、人づてに聞いたヘッドハンターにアクセスしたりして情報収集を行いました。非常に有意義なミーティングになったのを記憶しています。

そもそも私は、企業役員クラスの転職がどう実現しているのかについてはほとんど無知でした。話を聞くうちに、「有名な会社の新社長はあの人が動かした」みたいな、業界でもやり手のヘッドハンターがいると知りました。

そういった優秀なヘッドハンターからは、さまざまな情報を得ることができました。しかも、じっくりこちらの話を聞いてくれる人が多かったのが印象的でした。

当時の私は、エンジニアのバックグラウンドを持ち、上場企業の役員経験もあったので、異業種のCDO（Chief Digital Officer：最高デジタル責任者）やCIO（Chief Information Officer：最高情報責任者）、CTO（Chief Technical Officer：最高技術責任者）といったポジションを勧められました。例えば伝統的な化粧品会社のIT化を推進する役員みたいなポジションです。

こういったポジションは、IT業界以外の業界でも非常に需要が高く、熱いポジションであることがわかりました。そのときは、あまりに自分の軸とかけ離れていたので、実際に面接にまで進むことはありませんでしたが、ポジションの市場価値を知るという意味では非常に大きな収穫でした。

相談するキャリアコンサルタントの選び方

キャリアコンサルタントとコンタクトを取る場合は、最初は大手のエージェントや人材紹介業などに属している人がお薦めです。

そもそも、有償人材紹介業は、許認可さえ取得すれば、個人のような一人会社でも行うことが可能です。実は、中にはスカウトサービスなどを利用して、登録者に無差別にメッセージを送り、とにかく転職させようと暗躍している人もいます。

転職業界では、こういう人は「不良ヘッドハンター」などと呼ばれています。

特に多いのが、副業やフリーランスとして外資系企業のヘッドハンティングを行うようなケース。彼らは2、3人のヘッドハンティングに成功すれば、1年は暮らせるくらいの報酬を得られます。言ってみれば、季節性のアルバイトをしているような感覚で、とにかく短期間に人を企業に送り込もうと必死なのです。

こういう不良ヘッドハンターは、転職者の長期的なキャリアにはまったく関心がありません。興味があるのは、その人が転職するかどうかだけ。

こういった人に近づくのは、あまりお勧めできません。

会社名で検索しても何も情報が出てこない、Gメールなどのフリーメール経由で連絡が来るなどは、要警戒のサインです。

キャリアコンサルタントに会う前に準備しておきたいこと

キャリアコンサルタントと会う際には、職務経歴書を最新の状態に更新しておき、それを端的に説明できるようにしておくことが大切です。

自分のキャリアを振り返り、特定の期間ごとに、「どんな仕事をして、何を成し遂げたのか」について誠実かつロジカルに話せるのは非常に強みとなります。

自分自身と向き合ってきたこと、きちんと成果を出してきたことを第三者に示せる能力は、ビジネスをしていく上でも不可欠な資質だと思います。


私から見て、日本人の多くはシャイであり、自分の成果について語るのが苦手です。何かを成し遂げたときも「これは私の力ではなく、チームの皆さんの協力があったからです」などと語ってしまいがちです。

自分一人ではすべてを成し遂げることはできない。これは確かに真理ではありますが、自分が出した成果については正当にプライドを持つことも大切です。

「このプロジェクトでは、○○の立場で参加し、□□のような達成をしました。そのときの経験が、今の△△という仕事に役立っています」

このように、謙虚になりすぎず自分の成果を主張することを意識しましょう。ハッタリで成果を誇張するのは問題ですが、普通に正直に話せばいいのです。

自分の仕事に自信を持ち、プロとしての自覚を持つ。これは転職活動には必須の要素です。なぜなら、会社としても前向きでポジティブな人を積極的に採用したいと考えているからです。

実は、ジョブディスクリプションの要件を100%満たしている人は、世の中にほとんど存在しません。候補者の誰もが何かしら足りないのを織り込み済みで、会社は採用を行っています。

それでも、最終的には誰かが採用の内定を得ているわけです。足りない要素があっても補えそうだと思えば、会社は採用するのです。

ですから、応募するポジションに対して、自分に不足する要素があってもネガティブに捉えなくて大丈夫です。

「そのポジションが自分に務まるのか、ちょっとわかりません」というスタンスではなく、「この部分は足りないかもしれないですが、入社してからの努力で補えます」というスタンスで臨みましょう。

どの業界が伸びるのかを知る

業界1位の会社の有価証券報告書のサマリーだけ読めばいい

伸びる業界を見極めるにあたって、有効な手段の一つがＩＲの情報をチェックすることです。ＩＲ（Investor Relations：インベスター・リレーションズ）とは、企業が株主や投資家向けに経営状態や財務状況など投資に必要な情報を提供する活動全般を意味します。

上場企業であれば、必ず売り上げや利益についての情報を開示しており、誰でもアクセスできるようになっています。

私は特に有価証券報告書（有報《ゆうほう》とも呼ばれる）を見ることをお勧めしています。企業は、有価証券報告書を通じて、投資家向けに自社の強み・弱みを赤裸々にディスクローズしています。

有価証券報告書の提出義務のない企業でも、特定の大企業の子会社であれば、親会社が公開している有価証券報告書の中で、子会社の状況について触れているので、それを見れば、その会社が直面している状況は、ある程度把握することができます。

財務諸表まで詳しく分析しようとすると難しいかもしれませんが、有価証券報告書の最初の数ページでは、事業の状況について、わかりやすい日本語の文章が記述されていることが一般的です。

このサマリー部分に相当する最初の数ページを読めば、業界全体の市場規模や今後の伸びしろ、該当会社が直面している状況などを知ることができます。

まず、業界の市場規模は一つの重要な目安となります。このパイが大きければ大きいほど、ビジネスチャンスが大きいと判断できるからです。

少なくとも、おおよそどの業界でもトップの会社は上場しています。業界トップの会社の有価証券報告書を読むだけで、かなり業界研究に役立つと断言できます。

有価証券報告書は、業界トップの企業を見るのが最も効率的です。

というのも、業界2位以下の企業を見ると、「脅威」について記述する部分で、必ず業界トップに言及することになります。「業界トップにどう勝つか」という視点での記述になってしまうので、業界全体の展望としては偏りが出てしまうのです。

ほとんどの転職情報にはバイアスがかかっている

転職サイトや会社のホームページは、要約すればすべてがプロモーションページ。その会社にとって有利な情報しか載っていません。

にもかかわらず、意外と多くの人がこういうバイアスがかかった情報源から得た情報を得るだけで満足してしまっています。

一方で、有価証券報告書には自社が抱えるリスクや弱みまでもが丁寧に記述されています。投資家に向けてリスクを開示しなければならないからです。

例えば、化学プラント工場を運営している会社の場合、環境問題への対策にどれだけのコストがかかっており、そのコストが経営に与えるリスクについても明らかにしています。こういった記述を丁寧に読み解くだけでも、相当な情報が得られます。

また、競合状況についての情報も、業界の伸びしろを知る上で重要なポイントです。わかりやすい事例として、百貨店最大手企業の有価証券報告書を読むとします。

ここには、百貨店業界全体で約6兆円の市場規模となっていることが書いてあります（2019年）。ただ、アマゾンやヤフーショッピングなど、新興ECの伸長によって業績の伸びが鈍化していることも記述されているはずです。要するに、人がネットで買い物をするようになったせいで、百貨店の売り上げ自体は低迷しているというわけです。

「新興勢力によって業界のパイが浸食されている。それが脅威となっている」という場合、逆の視点から見れば新興勢力が伸びているということです。

こういう情報を知れば、「伸びているECの業界のほうにチャンスがあるのでは」などと考えられるようになります。そこから実際にECについての情報を調べていけば、何か現状のポジションと近いポジションが見つかるかもしれません。

こうやって業界全体を俯瞰して見るという視点が大切です。

転職の際に本当に信頼できる情報源

私自身、もともと自分たちが起業していたこともあり、企業の動向については大きな関心を持っていました。

「この会社は、こんなに人も採用していながら、どうして利益が伸びているんだろう」

そんな素朴な疑問から「会社四季報」や「業界地図」などを読んでいたのですが、載っているのはふわっとした話ばかりで、核心に迫った話があまり出てきません。そこでたどり着いたのが、有価証券報告書でした。

学生時代から、趣味の一環として継続的に有価証券報告書を読んでいたのです。

必然的に、就職活動時にも、有価証券報告書を読み込んだ上で会社説明会に参加していました。事業に関しては、説明会を仕切っている人事担当者よりも詳しいくらいでした。

事業の概況を踏まえ、詳細についての質問をすることが多かったので、今にしてみれば結構面倒なタイプの就活生だったと思います。

ともあれ、有価証券報告書をチェックしておけば、端的に「なんで儲かっているのか」が理解できるはずです。

有価証券報告書以外の情報源としては、基本的にはネットから情報を得ることが多いのですが、日経のメディアに関しては、日経新聞本紙をはじめとして日経産業新聞、日経MJなどは一通りチェックしています。

日経の情報で特に注目しているのは、企業による新しい領域への参入の動きや、業界の垣根を越えたオープンイノベーションの取り組みについてなどです。

他にも、働き方改革の取り組みなども気になっています。

今後労働人口が減少する中で、今いる人材をどう活かしていくのかは、どの業界・企業にとっても等しく大きな経営課題となってきます。

これからの人材奪い合いの時代においては、従業員をどれだけケアしているかが、会社の業績と比例するようになるはずです。

すでに人材をつなぎ留めるために働き方改革に積極的に取り組んだり、雇用システムの改革に着手したりしている企業が出てきています。こういった取り組みによって、業界がどう変わっていくのか、目が離せない状況です。

第4章まとめ

・ポジション思考で考えないと、どうしても一つの業界にいる期間が長くなり、今いる会社から抜け出せなくなってしまう。その結果、転職先の選択肢は極端に狭くなる。

・ポジションでキャリアを考えれば、異業種への転職は全く難しくない。ポジションを明確にすれば、今の手持ちのタグを活かしながら、新たな業界に飛び移ることも可能。

・業界を選ぶにあたっては、まず自分が仕事をするときに重視する項目を3つ挙げる。その上で、それを一つに絞り込むことが重要。そうでないと、「面倒だからこのままでいい」という結論に陥り、なかなか転職に踏み出せないことが往々にして起きる。

・業界とポジションが同時に変化する転職は危険。転職を考えるときは、「同業界だけど別のポジション」、もしくは「ポジションは同じで別業界」というずらし方が基本。そのため、業界選びのフレームワークには「業界の固定」と「ポジションの固定」の2つがある。

・どのポジションが熱いのかを知る方法は、「定期的に求人情報を検索する」「キャリアコンサルタントを利用する」の2つ。

・ほとんどの転職情報にはバイアスがかかっている。どの業界が伸びるのかを知るには「業界1位の会社の有価証券報告書のサマリーを読む」のが最も望ましい。

第 5 章

会社を見極める

仕事は「会社」でなく「シナジー」で選ぶ

シナジーによる会社選び

仕事を会社で選ぶと、次の転職の可能性を極端に狭める

この章では、業界・ポジションを選択した後の、具体的な会社選びについてお話ししたいと思います。

第1章では、ブランドで会社を選ぶのではなく、シナジーで選ぶことの重要性について解説しました。ここで改めて振り返ると、会社で選ぶことのデメリットは、次の転職の可能性を極端に狭めてしまうところにありました。

「有名な会社で働くこと」に価値を感じている人は、転職するときも有名な会社を目指そうとします。有名な会社であり、かつ自分に合うポジションが用意されている確率を考えると、よほどのことがない限り、転職に踏み切ることは難しくなるのです。

また、第4章ではポジション思考による業界選びに言及しましたが、転職先の会社とシナジーを発揮できないのであれば、ポジションの価値は享受できないでしょう。

ここで改めて「シナジー」とは何かと言えば、会社と働く個人が良い意味でお互いを利用し合うということです。

これまでは「会社が人材をどう活かすか」という視点ばかりが強調され、「従業員が会社をどう利用するか」という視点は希薄でした。しかし、これから会社と個人がフェアな関係を築いていく上では、お互いがお互いをいい意味で利用し合う関係が重要となります。

個人が何らかの目標を持ち、目標を達成するための場として会社を利用する。手持ちのタグを活かして成果を出すと同時に、新しいタグを獲得する。

これに対して会社側は、パフォーマンスを発揮してくれるのならどんどん会社を利用してくれて構わないというスタンスを取る。

お互いにコミットした期間内は全力で貢献し、お互いに役割を果たしたと感じたならば、離れるという選択肢もよしとする。

これからプロジェクトベースで仕事が進むようになり、雇用の流動性が高まれば、このように会社と個人がシナジーに基づいた関係性を志向するようになるのは必然と言えます。

能力がある人は、常に業務を通じて経験を積み、スキルアップをしたいと望んでいます。彼らは大きな課題を抱える会社に働きがいを見いだし、課題のない会社には在籍する意味を見いだしません。

例えば、エンジニアなどが、新規事業を立ち上げようとしている会社に転職し、事業が軌道に乗ったタイミングでまた別の会社に移る。このような会社の選び方が増えていくのではないかと予測しています。

シナジーが得られる会社とは何か

カルチャーフィットを重視する

これからは、会社のカルチャーが自分に合うかどうかが、シナジーを得るためにも非常に大きな要素となります。

採用する会社側にとっても、働く個人にとっても、カルチャーフィット（会社の文化への適応）しない状態は、お互いを破壊的に不幸にさせます。もちろん人間ですから、100％フィットするというのは非現実的でしょう。ただ、お互いが納得できるレベルにまですり合わせをしていく努力が求められると思います。

今は多くの会社がホームページやSNSなどを通じて、自社の運営方針や大切にしている価値についてメッセージを発信するようになっています。写真などのビジュアルなどからも、普段の仕事ぶりが垣間見えるようになっています。

こうした発信を見れば、会社のカルチャーが自分に合う・合わないは、おおよその想像がつくはずです。

例えば、日本でいうと、メルカリやサイバーエージェント、GMOといった会社はカルチャーに独自性を感じます。こういった会社に合う人もいれば、絶対的に合わない人もいます。合う・合わないというのは良い・悪いの問題とはまったく無関係です。

ただ一つだけ断言できるのは「合わない会社で働くべきではない」ということです。

近年は、企業口コミサイトの情報も充実しています。

代表的なものを挙げれば、「オープンワーク」「転職会議」「エン ライトハウス（旧カイシャの評判）」などの口コミプラットフォームがあります。こういったもの以外に、実際に企業で働いている人に話を聞いて、会社の雰囲気を総合的に把握しておくことが大切です。

ちなみに、会社の立地も多少はカルチャーと連動しています。特に大手企業はオフィスに多額の投資を行うため、立地とカルチャーを紐づける傾向があります。大手町のシャキッとしたカラーを重んじる企業もあれば、渋谷のように若々しく躍動的な雰囲気を重視する企業もあるわけです。

私自身、ヤフー時代は六本木のラフな格好をしても許される雰囲気になじんでいた部分がありましたが、リンクトインに移って身構えたのが、丸の内のオフィスで働くということでした。コロナ禍以前は、丸の内の界隈をサンダルとTシャツ姿で歩いていると、会社員ではなく外国人旅行者に間違われることがしばしばありました。ちょっと人とぶつかったときに英語で謝られたり、中国語で道を聞かれたりしたものです。

もっとも、最近はリモートワークも加速しましたし、中小企業やベンチャーに関しては、コストとの兼ね合いでオフィスを選択するケースが多いため、立地はあまり参考になりません。賃料が安くて広いスペースを求めた結果、多数のベンチャー企業が東京の五反田に集中する現象も見られました。

こういうケースでは、立地とカルチャーの結びつきは希薄です。

大企業がいい人、ベンチャーがいい人

人によって、大企業でシナジーを発揮しやすい人とベンチャーでシナジーを発揮しやすい人とがいます。

決められた役割の中できっちりと仕事をするのが好きな人は、大企業向きと言えるでしょう。これに対して、役割を超えたところで新しい仕事にチャレンジしていたい人はベンチャー向きです。

後者のタイプの人が大企業に行くと、窮屈さを感じるのではないかと思います。というのも、大企業で役割を超えた動きをすると「他の人の仕事を奪っている」と認識され、意外と評価されないことが多いのです。

ベンチャー企業では、社内でポジションの流動性が高いため、人が不足しているポジションと現在のポジションを兼務する機会も多々あります。兼務しているうちに、新しいポジションが本業になることも珍しくありません。また、自分自身でポジションを作り出すチャンスもあります。

実際に私の周りでも、ベンチャー企業の人は、仕事の内容が大きく変わったり、社内で新たなポジションを経験したりしてから他業界に転職したりするケースが目立ちます。業界やポジションを変えたいと考えている人には有利な環境であり、大企業にはない利点の一つです。

ちなみに、アメリカなどではスタートアップを経験して失敗したことがある人は、求人市場で高く評価されています。事業を起こす経験がリスペクトされるという文化的な土壌もありますが、「失敗経験」が貴重なタグとして認知されているのです。

そもそも新規事業の9割以上は失敗します。つまり、失敗して当たり前です。そして、一度強烈に失敗した経験がある人が、同じ局面で失敗するリスクは非常に小さくなります。「なぜ過去に自分が失敗したのか、次にどうやれば成功できるか」を理路整然と語れる人は、会社に価値をもたらす可能性が高いのです。

日本では、まだまだ失敗を許容する文化が浸透していないのですが、ベンチャー企業などを中心に失敗経験を評価する動きが少しずつ出てきているのも事実です。起業経験者はベンチャーを目指すのも一つの方法でしょう。

いいベンチャーを見極める4つの視点

成長するベンチャー企業を見極めるポイントはいくつかあります。

1つ目は、伸びている市場にトライしているということ。最近は、「○○Tech（テック）」という言葉をよく耳にするようになりました。「テック」とはTechnology（技術）を省略したものであり、何らかの分野と技術の組み合わせを意味しています。

例えばFinance（金融）と掛け合わせた「FinTech（フィンテック）」などは耳にしたことがあると思います。

成長するベンチャーの多くは、市場規模が十分にある業界にテクノロジーを掛け合わせることでチャンスをつかもうとしています。

市場規模が大きくて成長の可能性がある事業の代表例がEC（electronic commerce）。インターネットを利用した小売りビジネスです。経済産業省が2020年7月に公表した「令和元年度内外一体の経済成長戦略構築にかかる国際経済調査事業（電子商取引に関する市場調査）」によると、2019年の国内EC市場規模は、前年比108・09％の

10兆5515億円。5年前と比較して約1・5倍に拡大しています。

しかし、小売市場全体に占めるECの割合を表す「EC化率」は、2019年時点で6・76%。年々確実に伸びてはいるものの、小売市場全体で140兆円ほどの規模があるので、まだ7%ほどでしかないのです。

今後EC化率が20%、30%へと拡大していけば、それだけで何十兆円という巨大な市場を分け合うことになります。つまり、こういった伸びている市場にトライしている企業には将来性があるのです。

ですので、「○○Tech」にチャレンジしているベンチャー企業については、もともとの業界の市場規模を調べましょう。この市場規模の大きさは、一つの目安となります。


2つ目は、ベンチャー企業を判断する要素として、128ページでもお話ししたように、後ろ盾となるベンチャーキャピタルが挙げられます。

基本的にイケてるベンチャー企業には、イケてるベンチャーキャピタルが出資しているものです。日本であればグロービスやジャフコ、インキュベイトファンド、YJキャピタルといった、これまでいろいろな会社を成長させた実績があるベンチャーキャピタルが出資していれば、それだけでビジネスモデルに関しては大丈夫だろうと判断できます。

その上で、3つ目のポイントとなるのがプロダクトです。要するに、その企業が提供している製品やサービスを実際に自分で使ってみることが大切です。

オンライン診療のように興味本位だけで利用できないサービスもあるかもしれませんが、会社や製品・サービスへの共感度を確かめることは、ベンチャーで働く上では非常に大きな意味があります。

例えば、メルカリで働いている人は、メルカリを利用していてサービスに共感している人でしょう。特に創業初期に入社した人の中には、「ヤフオクよりも便利で、いずれヤフオクを抜くはず」と信じた人が多かったのではないでしょうか。

自分で利用してみて共感したり感動したりできるプロダクトのある企業なら、入社してからのモチベーションも持続するはずです。

スタートアップの界隈では「プロダクトマーケットフィット（PMF）」という言葉が使われます。これは、文字通りプロダクトがマーケットに適合している状態のこと。

要するに、自分がそのプロダクトが便利だと思い、同じように感じる人が周りにいれば、そのプロダクトが市場に受け入れられているということであり、成長する可能性が高いと推測できるのです。

そして4つ目のポイントは、経営者およびビジョン、ミッションに共感できるかどうかです。

特に最近のベンチャー企業は、非常に強固なビジョン、ミッションを構築し、発信にも力を入れています。ですので、経営者自身がビジョン、ミッションをしっかり発信しているかどうかにも注目が必要です。

ビジョン、ミッションは会社のホームページには必ず載っていますし、もちろん各種メディアを通じてもアナウンスしています。それ以外にもリンクトインやツイッター、noteなどのSNSを通じての発信も行っているはずです。そういった情報に触れて、共感できるかどうかを確認しておくのが望ましいでしょう。

経営者だけ目立っているベンチャーには気を付ける

経営者以外の社員一人ひとりによる発信も、確認できる範囲でチェックしておくに越したことはありません。

社員が楽しそうに仕事をしている様子が伝わってくるかどうかは大きなポイントです。面接の機会に、面接官に対してビジョン、ミッションに関わる質問をしてみるのもよいでしょう。

成長するベンチャーは、社員の誰に聞いてもビジョンやミッションが浸透しています。ですから、経営者と社員で内容に齟齬が生じないのです。

逆に、現場の社員にビジョン、ミッションについて尋ねたとき回答があやふやだったら要注意です。このケースは、経営者がワンマン体質で、独りよがりで経営している可能性があります。

ベンチャー企業は、基本的に経営者の存在感が大きいのですが、やはりチームで経営できている会社のほうが成長が期待できます。経営者一人でできることには限りがあるからです。

経営者一人だけ目立っているベンチャーは、往々にして途中で失速します。反対に伸びるベンチャーは経営者が自分の限界を理解しており、自分より優秀な人を採用し、CFOやCOOといった要職に就けています。また、早期にCHRO（最高人事責任者）などのポストを設け、採用や人事に力を入れている会社も着実に伸びる傾向があります。

そして、実際のオフィスもベンチャー企業のポリシーや社風が表れやすいポイントです。コロナ禍でオフィスを解約する動きもありますが、最近のベンチャー企業は、おおむねオフィスに大きく投資をしています。ただ、過剰なまでに投資をしている会社には疑問符がつきます。

そこまで規模も拡大しておらず、プロダクトが知れ渡っているわけでもないのに、なぜか銀座の一等地にオフィスを構え、受付が異常に広々としているベンチャー企業を見かけると、正直なところ不安になります。

社長インタビューの記事などに出てくる社長室が異常に大きい場合にも怪しさを感じます。まっとうな経営者は、社長室よりも社員のためのオフィス環境に投資をします。従業員がパフォーマンスを発揮すれば会社が成長すると知っているからです。

他には、オフィス内がきれいに整理整頓されているかどうか、清掃が行き届いているかどうかも見逃せません。社員が意識高く働いている会社は、生産性を上げるために共用部分の整理整頓に注力しているものです。これができていない場合は、何らかの問題があると疑ったほうがよいかもしれません。

オフィス内は面接に進む機会くらいしかチェックできないかもしれないですが、注意して観察すべきだと思います。

「成長しているけれど、それほど目立っていない」ベンチャーが理想

一言で「ベンチャー」といっても、創業からの時間経過や人員規模によって会社の在り方は大きく異なります。

ベンチャー経営者同士の会話には「50人の壁」「100人の壁」といった言葉が頻繁に登場します。それぞれのステージによって、経営の仕方が全然違うため、いかに壁を乗り越えるかが課題となっているのです。

創業初期、社員が50人以内の場合、そこで働く人のポジションは非常に流動的です。この時期は「自分自身で仕事を作り出し、どんな仕事にも対応する」働き方が求められます。

「与えられた仕事を忠実に全うする」受動的な働き方に慣れている人が、創業初期のベンチャー企業に飛び込むと、苦しい思いをします。

社員が100人を超える前後は、ビジョンやミッション、就業に関わるルールが厳格に

定められるなど、会社が会社らしくなる時期であると言えます。

この時期に入社した人は、一般的な中途入社と同じような形で仕事をすることになります。ただし、会社はまだ大きなトライアンドエラーを経験している途上にあるため、エラーを主体的に見つけて改善できるような人材でないと、適応は難しいでしょう。

300人を超える規模となると、上場しているベンチャー企業も出てきており、普通の中小企業と同じような環境で働くことになります。このように、ベンチャーは規模によって求められる働き方が異なっているのです。


本書の読者には、ある程度成長が見えてきている100人前後の規模のベンチャー企業に入るのが向いているかもしれません。この規模の会社は「成長しているけれど、それほど目立っていない」という意味で穴場です。成長しているけれど、目立っていないから思うように人が集まらないというジレンマを抱えており、それほど突出して優秀な人がいない傾向があるのです。

こういった会社に入社すると、厳しい競争に巻き込まれる心配も少なく、伸び伸びとした環境で成果を出すことができます。成果を出せば、昇進できるチャンスも膨らみます。

ただし、これはあくまでも一つの目安です。

50人以内のベンチャー企業は、ほとんどリファラルで採用を行っている段階だと考えられます。まだ会社が成長軌道に乗っているかわからないタイミングですが、もし直接声がかかったのであれば真剣に入社を検討する価値はあるでしょう。

ベンチャー業界では、ある程度会社が成長したときに、創業期に入社した社員が「今自分がウチの会社の面接を受けるとしたら、絶対に入社できなかったと思う」と口にすることがあります。

要するに、会社が成長した結果、どんどん優秀な人材が集まるようになり、社員のレベルが上がっているということ。これは実際に社員に質問しなければ確かめようがないでしょうが、社員がこうした発言をしているベンチャー企業は間違いなくいい会社だと思います。

なお、大企業から中小企業、あるいはその逆の転職をするとき、会社の規模のギャップが大きすぎることによって環境の変化にとまどう可能性はあります。

これは本人の許容度の問題でもあるので、気にしないで切り替えができる人はあまり心配しなくて大丈夫です。ただ、大多数の人は多少の苦労を覚悟しておいたほうがよいでしょう。

特に大きい会社から非常に小規模の、数人程度の会社に転職するのはギャップが大きすぎてなじむまでに時間がかかります。

小さな企業では、大企業ではやらないような細かな仕事まで自分で行う機会が多々あります。ベンチャー企業といっても、取り組んでいる仕事は基本的に地味であり、綱渡りのオペレーションで運営しているのが常です。

誰もが当事者意識を持って仕事をする心構えでないと、通用しません。それを承知した上で選択をしてほしいと思います。

外資系企業への転職を考える場合

外資系企業と言っても実態はさまざまですが、まず大きな傾向として言えるのは、徹底的なポジション思考であることです。

基本的に、外資系企業で行う仕事はジョブディスクリプションに明記されています。入社前には、与えられた役割や期待されている成果について、マネージャーと入念にコミュニケーションを取りながら確認しておくことが求められます。

逆に言えば、外資系企業ではポジションを越えて働く行為はあまり良しとはされません。日本企業では、一人の社員がストレッチをしてさまざまな仕事に取り組むのが美徳とされるのですが、外資系企業（特にアメリカの企業）ではネガティブに評価される可能性が大です。ポジションを越境すると、他のポジションを奪おうとしていると見なされるのです。

こういったポジションに対する捉え方は、日本企業と外資系企業で、それぞれメリット・デメリットがあります。日本型雇用の場合、社内でいろいろなポジションを経験できるという意味では良い面もあります。

ですから、どちらがいい・悪いではなく、違いを理解して対応することがポイントです。外資系企業でポジションを越えて仕事をする場合は、「なぜそうするのか」を丁寧に説明して理解してもらう段取りが不可欠となります。

私自身、リンクトインという外資系企業に移籍するに際しては、働き方の違いについて事前に細かくヒアリングをしたのを記憶しています。

例えば、タテのラインが強力な日本企業では、トップダウンで仕事をするのが一般的であり、他部署と協力しながらプロジェクトベースで仕事をする外資系企業特有の働き方はまだ目新しいのが現状です。

幸いなことに、私はヤフーでカンパニーを横断してプロジェクトをリードする経験を積んでいたので、その点は安心してチャレンジすることができました。

それ以上に、入社して大きなギャップを感じたのは、「自分で動かないと仕事がまったく進まない」ということです。自分で動くことを、私たちの社内では「リードを取る」と表現しています。

日本企業の場合、何となくのコンセンサスで物事が進んでいきますし、上司が率先して導いてくれるようなところがあります。むしろ部下が出過ぎた行為をするのが敬遠され、上司の顔色をうかがうことが多いのですが、外資系は違います。

自分でミーティングを招集するところから、かなり強固な意志を持って行動しないと、何も進まないのです。

外資系ではマネージャーはコーチであり、困ったときに助言したりサポートしてくれたりはするものの、基本的には部下の仕事を見ているだけ。やりたい仕事は、自分主導で進めていかなければなりません。

これは私が最初にリンクトインの1年目に直面した壁でした。「上司が進めてくれるのかな」と思っていたところ、いつまでたってもまったく進まず、後で「自分でやりたいならもっとアピールしていかないとダメだ」と苦言を呈されることがありました。

また、意外かもしれませんが、外資系では「根回し」が非常に重視されています。というのも、日本企業の場合は組織＝承認ラインであるため、目の前にいる上司から承認を取ることがすべてです。

一方で、外資系の場合、ポジションと紐づいて責任が与えられており、例えば営業の予算とマーケティングの予算では決裁者が異なります。

特に、彼らはオープンな場で自由に意見を述べるので、事前に根回しをして賛同を得ておかないと、会議の場で反対意見が噴出して収拾がつかなくなる恐れがあります。

そのため、縦横斜めから社内のネットワークを駆使した事前の根回しが不可欠となるわけです。会議に諮る前に「これで異論はないね？」と繰り返し、いろいろな人に確認を取っておくのがセオリーなのです。

私も、入社直後はひたすら社内ネットワークの構築に努めましたし、新しく人が入ってくるときには、ネットワークづくりのサポートに注力しています。

さらに外資系企業では、「Thank you を言う、個人を褒める文化が根づいています。日本人は人を褒める経験に乏しいので、私自身も、いまだに違和感を覚えることがあるくらいです。しかし、とにかく相手を立てる、褒めるというのを積極的に行わなければなりません。

「偉い人がいる会議の場でこの人を褒めておかないといけない」

「メールで一言お礼を伝えておかないといけない」

実は、四六時中そうしたことに気をつかっているのが外資系企業です。そうしないと、相手はすぐに失望してしまうし、次の機会に協力してもらえなくなるのです。

繰り返しますが、こうしたギャップは「いい・悪い」以前の文化の違いです。外資系企業への転職を考える場合は、経験者などから十分なアドバイスを受けておくことが、ギャップを乗り越えるためのカギとなります。

地方の会社への転職という選択肢

コロナ禍では、ＩＴ企業を中心に全面的に在宅勤務を認める動きが広がっており、その中で住まいを都市圏から地方に移すケースが見られるようになりました。

私の周りでも、都心の会社に勤務しながら住居を都内から鎌倉などの近郊に引っ越した人がちらほらいます。あるいは実家のある地方都市に里帰りした上で、同じ会社で働き続けている人もいます。

このように、地方移住のハードルはかなり低くなった印象があります。


では、地方の会社への転職という選択肢についてはどう考えればよいのか。

現状では、地方の会社への転職は、まだまだハードルが高いように見受けられます。

私が知る範囲では、地方に転職する人は「この地域で貢献したい」という強い意志や地域への思い入れを持った人であり、柔軟な働き方を求めて転職をするケースは少数派です。

地方に転職をして仕事をするにあたっては、相応の地元への貢献が求められます。具体的には、地域の一員として認めてもらうために、地域の年中行事や清掃活動などに積極的に参加する必要があります。そういったもろもろの活動にコストや労力を要することを理解しておくべきです。

また、都市圏と地方では、依然として経済格差があります。都市圏と同じ給与水準を期待するのは難しいという問題もあります。

特に、まったく地縁のない地域への転職・移住に関しては、本当に適応できるか慎重な判断が必要です。十分なお試し期間を設けるなど、最低限の準備は行いたいところです。

ところで、そんな状況にあって今目立っているのは、地方転職ではなく、大都市圏の会社に勤務しながら地方の会社で副業をするという動きです。

副業解禁の流れとリモートワークの普及という条件が重なったおかげで、地方の会社が、最新の技術や知識を持った都市圏の人材の手を借りることができるようになった。これは非常に大きな変化だと言えます。

例えば、製薬会社であるロート製薬には、2016年に制定された「社外チャレンジワーク」という制度があり、副業に参画できる環境が整っています。中には、北海道の会社で林業に関わる副業をしている社員もいるのだそうです。

ほんの数年前までは、最新の技術を持つ技術者やネットに強いマーケティングの専門家などは都心部に集中し、こういった人材を地方の会社が獲得するのは至難の業でした。

しかし、副業という形で部分的に仕事を手伝ってもらうのであれば、そこまでの障壁はありません。

地方での転職を考える人は、まずは副業を通じて都市部と地方の両方に軸足を置き、そこからゆるやかに重心を移していく方法が現実的かもしれません。

オーナー企業をどう判断するか

創業者一族などが経営を行っている、いわゆる「オーナー企業」「ファミリー企業」は中小企業の多くに存在しますし、上場企業にも一定の割合で存在します。

こういった会社は、働きやすいケースと働きにくいケースの両極端に分かれます。

そもそもオーナー企業には、目に見えない暗黙のルールが多くなる傾向があります。特に家族経営で代々世襲しているような会社は、創業家のパワーが非常に強く、いつできたのかわからないような「謎ルール」が定着していたりします。

また、創業者が経営の一線を退いたのちも、会長職として強い権限を保持しているようなパターンもあります。代替わりをして新しい社長が就任しているのに、実際には社長に権限が委譲されておらず、会長にお伺いを立てないと物事が進まないといった話もよく聞かれるところです。

会長職にある創業社長の多くは、だいたい創業してから20～30年以上にわたって会社を一手に率いています。当然、会社への思い入れも強く、知識や経験も相当に積み重なっています。それゆえ、時代の変化に伴ってカルチャーを作り直すことに抵抗しがちです。こういう過渡期の会社は、特有の難しさを抱えています。

一方で、そういった風通しの悪さを打破しようと奮闘している若社長もいます。その代表的な成功例の一つがJapan Taxi（現Mobility Technologies）です。社長の川鍋一朗氏は、負債を抱えていた会社を立て直し、業界のＩＴ化を進めるなど、さまざまなチャレンジをしています。

こういった改革に成功している会社もあるので、慎重に会社の内情を理解した上で入社を決断すべきでしょう。

キャリアコンサルタントには会社よりも業界のことを聞け

本書では何度か言及しているキャリアコンサルタントは、会社選びにおいても重要な役割を果たす存在です。

彼らはいろいろな会社や、その会社で働く人たちを見ています。自分に合った会社を提示してくれる可能性はあります。

ただ、一方的に「自分に合う会社を教えてください」と言っても、先方は判断に困ることでしょう。判断材料が少ない場合は、広く薄く会社を提示するしかなくなるわけです。

ですから、キャリアコンサルタントには、まず自分自身をよく知ってもらうことが先決です。正直に自分の情報を開示し、どんなところにモチベーションを感じているのかを伝えれば、見当違いな会社を提示される心配はなくなるでしょう。

なお、個別の会社についての情報を聞き出すよりも、まずは伸びている業界について尋ねたほうが得策です。

なぜなら、個別の会社にばかり目を向けていると、やみくもに採用活動を行っている会社を優先的に教えられることにもなりかねないからです。採用に積極的な業界で採用に積極的な会社ならまだしも、採用に消極的な業界で異常に積極採用している会社は、やはり疑問符がつきます。

そのあたりを含めて確認しておくのがベストです。

出戻り転職という選択肢もある

現在では、育児や介護などを理由に一度離職した社員を再び雇用する「ジョブリターン制度」を導入する企業が増えつつあります。かつて所属していた会社で再び働く「出戻り転職」は、転職の一つの選択肢となっています。

かく言う私自身、「ヤフー初の出戻り社員」であり、出戻り転職には非常に肯定的です。リンクトインでも、復職した社員の存在は決して珍しくありません。

出戻り転職の最大のメリットは、オンボーディングが圧倒的にうまくいきやすい点にあります。

オンボーディングとは、新しく入社した社員に必要なサポートを行い、早期に定着、戦力化させるプロセスのこと。

出戻り社員であれば、すでに働き方もツールの使い方も、カルチャーも理解していますし、在籍時の同僚との人間関係もあるので、即戦力として機能しやすいわけです。

一方で、従来出戻り転職のデメリットとされてきたのが、プロパー社員と出戻り社員の給与格差です。

日本の会社は、新卒採用した社員の給料は、40代くらいまで非常にゆるやかに上昇していきます。その代わり、管理職になってからは、定年を迎えるまで役職に見合う給料が与えられることになります。要するに「管理職になったらちゃんと報いるから、それまでは我慢してほしい」という約束のもとに給与制度が維持されてきたわけです。

ところが、転職市場の需要と供給に即して出戻り社員を採用すると、プロパー社員よりも出戻り社員の給料が高くなるということが起こり得ます。

特に、人材不足が顕著な業界では、最初の離職時に好待遇で転職している社員が多く、出戻るときに同レベルの給料を保証するとなると、必然的に給与格差が拡大してしまう構造があります。

結果として、この給与格差がプロパー社員の不満につながり、チームワークを乱すと危惧されているのです。

しかし、最近では新卒一辺倒の採用から通年採用の割合を高める動きも出てきており、一律で社員の給料を上げていく方式は徐々に廃れていくと予測されます。

また、今後ジョブ型雇用が浸透すれば、出戻り社員が外部で得た知識や経験を好待遇で評価することが当たり前になっていくはずです。

今後、出戻り社員を活用するにあたっては、「離職時にいかに快く送り出すか」という会社の姿勢が問われるでしょう。

実際に、リンクトインには社員の離職をみんなでお祝いする文化があります。

例えば、リンクトインから離れる人は「辞める」「転職する」という表現は使わず、「ネクストプレイを選択した」という表現を使います。あくまで新しい経験や機会を得るための選択肢であるという認識なのです。

また、会社側は、一つのポジションについて内部からの昇格と外部からの採用という2つのタレントプールを想定しています。

その中で、新しいポジションができたときなど、候補者として過去に一緒に働いていた仲間の名前が挙がり、実際に本人に声をかけることも日常的にあります。

日本企業でも「そのときベストな人材を採用する」という採用の在り方が定着すれば、出戻り転職はもっと身近なものになるでしょう。

受ける会社が決まったら……

プレゼンの仕方次第で、あなたのキャリアは何倍にも魅力的になる

これまで在籍していた会社よりも有名な企業、あるいは重要なポジションへの転職を目指す場合、プレッシャーを感じて不安に思う人がいるかもしれません。

確かに、「大きなポジションを自分に背負えるのか」と職務の責任にプレッシャーを感じる気持ちはよくわかります。

コンプレックスを感じている人は、現業で達成した成果を自信にできるかどうかが重要

なポイントとなります。

例えば「自分にはこれといった実績がない」というのは本当でしょうか。それは自分のプレゼンテーションがただ控えめなだけなのかもしれません。

仮に営業部で成績トップでなかったとしても、部内で成績が上位だったなら「成績が上位でした」というプレゼンはできるはずです。

上位でなかったとしても、課せられた目標を達成できたかどうかという視点での評価は可能です。目標を毎期達成してきた場合は、「目標達成率１００％でした」とプレゼンすることが可能です。

たとえ平均的な成績だったとしても、会社から与えられた目標をクリアしてきたというのは誇るべき成果です。少なくてもローパフォーマーではありません。普通の仕事を普通にこなしているだけで平均より上だと自信を持っていいのです。

「目標達成率１００％」と言えば、決してウソをつかなくても、自分は会社の期待値を常に超えてきたことをアピールできるのです。

また、業務改善に関わる実績をアピールするのも効果的です。本書のロールモデルのA

さんの場合、次のようなプレゼンができそうです。

「営業活動をする上で非効率な紙のやりとりがあったので、それを電子化する仕組みを構築し、部内に徹底することで生産性を上げることができました」
「ルート営業のやり方を改善することで、前任者と比較して時間を半分近くに短縮し、浮いた時間で新しい提案を企画しました」

このように、自ら課題を発見し、自ら考えて対応策を講じる能力は、今後すべての職種で必要とされます。

日本人の大多数は謙虚で控えめであり、プレゼンでも自己アピールが控えめになりがちです。同じスキルや経験を持っていても、相対的に見劣りするリスクを抱えているのです。逆に言えば、少しプレゼンのテクニックを身につけるだけで、相当なアドバンテージが得られます。

今後、日本人は日本国内で働き続けるとしても、遅かれ早かれグローバルの人材獲得競争にいや応なく巻き込まれることになります。例えばＭ＆Ａによって、あるときから急に勤務している会社が外資系となり、本社からいろいろな人材が派遣されてくる可能性もあります。

競争相手には例えばアメリカ人やインド人など、幼少期から自信を持つことの大切さとプレゼンスキルを教えられ、自己肯定感が圧倒的に高い人たちもいます。

こうした人たちの中で仕事をしていくためにも、自分の成果を正当にプレゼンできるようにしておくとよいでしょう。

面接では、自分の成果と絡めた質問をすると強いアピールになる

ここからは実際に採用面接に進んだ場合についてお話しします。

面接では、その会社について事前に調べてわかることは聞かないのが絶対的なルールです。調べてわかることを聞くと、その会社に興味がない、本気でないと受け取られるからです。

自分が調べた情報をもとに、ビジョンやミッションについて確認するのはよいでしょう。

「(面接官の人が) 入社する上で、ビジョンやミッションがカギになりましたか?」

「今働いている中で、ビジョンやミッションを体感するシチュエーションはありますか？」

「やりがいを強く感じるのはどんなときですか？」


こういった質問を通じて、会社のビジョン、ミッションの浸透度や社員の意識などを推し量ることができます。

一方、自分のやる気を具体的にアピールする方法としては、自分の入社後をイメージした質問が効果的です。例えば、次のような質問からは、入社後に成果を出して成長する意欲があることが伝わります。


「今からどういうスキルを身につければ、御社に入社してから貢献できますか？」

「御社に中途入社した方は、大体どれくらいの期間で最初の成果を出していますか？」

「成果を出した場合、次はどのようなポジションに挑戦できますか？」

「一つ上のポジションを目指すには、どのようなスキルが求められますか？」

あるいは、自分の成果と絡めて、以下のように質問するテクニックもあります。

「現職では〇〇といった実績を残しているのですが、これは御社では通用しますか？」

「私は比較的我慢強い性格なんですけども、御社の仕事の負担はどれくらいですか？」

「今の職場では誰とでも親しくなっていますが、配属先はどんな雰囲気ですか？　カジュアルな感じですか？」

残業時間など聞きづらい情報を聞くときには、「現状では平均3〜4時間くらい残業をしているんですけど、御社だとどんな感じですか？」などと聞くことができるでしょう。

私自身、新卒から中途入社まで、何度も採用面接に関わった経験がありますが、一緒に働きたいと思えるような人は、やはり自分をしっかりアピールできる人でした。

「この部分は、私の経験を足すことで御社に大きく貢献できるのではないでしょうか」

「御社のこの部分をこのように改善すればもっとよくなると思いますが、いかがでしょうか」

このように具体的な貢献や改善のポイントを提示できれば、入社後の活躍がイメージしやすくなります。特に中途採用の場合は、早期に成果を出してくれそうな人が評価されやすいのは間違いありません。

面接でイメージとリアルのギャップを確認する

転職エージェント経由で応募した場合は、転職サイトに出稿されている記事の情報を裏取りする意識で質問することも重要です。

転職サイトに掲載されているのは、基本的にその会社のいい部分だけ。見た目のいい社員を連れてきて、印象のよい言葉を連ねるのがテンプレとなっています。

ただ、その記事を読み込んでおくことは、実際に面接するとき非常に役立ちます。

例えば、「毎月1万円までの書籍購入代を補助しています」という情報が記載されていた場合、その情報の真偽を確かめることができます。

「書籍代補助について読んだのですが、最近読んだ本で、役立つ本があれば、教えていただけますか？」

このように質問すれば、回答次第で制度が実際に使われているかどうかが判断できます。制度が設けられているということと、それが実際に運用されていることは別問題。その会社が見せたい部分と、リアルとのギャップが大きいときには、何か問題が隠されているのかもしれません。

もしくは「(面接官が) 普段仕事をしていて嬉しかったことは何ですか？」と聞いてみるのもよいでしょう。面接官が嬉しいと感じたことは、その会社で良いとされていることだと考えられます。「良いとされていること」の価値観が自分に合うかどうかは見逃せないポイントです。

例えば、「飛び込み営業１００本ノックというノルマがあって、それを達成できると嬉しいんだよ」という答えが返ってきたなら、「自分には社風が合わないな」などと判断ができるでしょう。

こういった質問からもカルチャーフィットの判断材料が得られるわけです。

なお、可能であれば、面接官以外の現場の社員、一緒に働く可能性のある人と会話をする機会をもらうのが理想的です。面接官と同席の上であれば、実現する可能性はゼロではありません。また、面接官の一部に現場の責任者が混じっているケースも多いので、その人と集中的に会話をするのもお勧めです。

現場の人とは具体的な仕事の話ができますし、コミュニケーションのスタイルがわかるという利点があります。現場の人の温度感には、良くも悪くも職場の雰囲気が表れます。

こういうオフィスの会社はやめておくべき

面接時にオフィスを訪ねたときにチェックすべきポイントとしては、前述した整理整頓の他、社内の空気感が挙げられるでしょう。

私の経験上、笑っている人が多い、笑い声がよく聞こえる会社は、風通しがよく生産性も高い傾向があります。プレッシャーの大きい環境では、人の生産性は上がらないのです。

人が醸し出す雰囲気という意味では、役員や上層部のちょっとした言葉づかいなどからも、従業員を大事にしているかどうかが多少なりともうかがえます。

特に中途採用の場合は、ここで縁がなかったとしても、また別の機会に採用する可能性があります。ちゃんとしている会社は、なるべく自社にいい印象を持ってもらえるようなコミュニケーションに努めているのがわかります。

細かいところに会社の姿勢が見えるはずなので、注視してみましょう。

オフィス内のレイアウトについては、例えばフリーアドレスを導入して有効に機能している会社もあれば、逆に失敗している会社もあります。仕事のスタイルによっても変わってくるので、一概に望ましい形があるわけではありません。

ただ、最近はABW（Activity Based Working：アクティビティ・ベースド・ワーキング）という考え方が浸透しつつあり、社員が業務内容に合わせて好きな場所で働けるというワークスタイルを採用する企業が増えています。

周囲から邪魔されずに一人で仕事に集中できるスペースを設けたり、スタンディングデスクやソファなどを設置したりするケースがあります。

在宅勤務もそうした流れの中で位置づけられていると考えています。

生産性を高めるために、在宅勤務とオフィスワークが選択できる状況にあるというのは、先進的な会社であることを示す一つの要素です。現状では、まだまだ在宅勤務をフルに導入しているのは一部の会社にとどまっています。「ほとんど東京のＩＴ業界だけで行っていること」と言っても過言ではないくらいです。
しかし、新型コロナウイルスのような感染症のリスク、あるいは自然災害のリスクを考えれば、在宅勤務に対応している会社のほうが危機管理能力があるとは言えそうです。そのあたりも実際に確認しておくことをお勧めします。

面接時のプレゼンでフォーカスすべき2つの軸

転職時の面接で必ず聞かれるのが「なぜ転職しようと考えたのか」という質問です。

「上司とどうしても反りが合わなかったから」
「収入を増やしたいと思ったから」
「キャリアアップのために手に入れたいタグが得られると思ったから」

理由はさまざまあることでしょう。ただ、ここでアピールしたいのは「現業でどういった課題をクリアしたのか。今回の転職ではどういう目標を達成しようとしているのか」です。

現業で立てた目標をおおよそ達成したことをきっかけに、次のステージで新たな成長を図りたいと考えた――。このようなストーリーを具体的に伝えれば、自ら目標を設定して達成できる人であることもアピールできますし、ポジティブな理由で転職を考えていることも理解してもらえます。

自分の想いと会社からの期待の両方に応えられるというのは、転職に成功するセオリーという以前に、会社でシナジーを発揮するセオリーでもあります。

会社から与えられた目標と自ら設定した目標、この2つの目標を達成したという2軸で達成をプレゼンすれば、「できる人」という印象を与えることができます。

転職時にうまく自分をプレゼンして希望の会社に入社し、入社した先で成果を出すという成功体験は、大きな自信をもたらします。

自信を持てば、次の転職活動がかなりラクになります。転職の成功が、次の転職の成功を呼ぶという好循環に入ることができるのです。

転職先が決まったら……

内定後に本当に転職するかためらいが生まれたら……

会社から内定が出たものの、いざ転職に踏み切ろうとするとためらいを持つ人がいるかもしれません。

ためらう原因はいろいろあるでしょうが、「今の会社に恩義を感じていて、退職に後ろめたさを感じる」というパターンはあると思います。

今の会社に恩義を感じるというのは、当然の感情です。

私自身も、これまで働いてきた会社には強い恩義を感じています。ただ、ほとんどの人は本業で成果を出すことで恩義に報いているはずなのです。

本業できちんと成果を出している限りは、そこまで会社に縛られることはない、と私は考えます。これは誰のものでもない、自分自身の人生なのですから。

「自分が退職するとチームの仕事が回らなくなる、同僚に申し訳ない」と思うがゆえのためらいもあるでしょうが、現実には、退職者が出ても会社の仕事は確実に回ります。退職者が出た場合、欠けた人材を補って仕事を回していく責任は上司や会社の経営層にあります。ですから、退職する本人が罪悪感を抱いたり責任を負ったりする必要はありません。

会社員には、辞めようと思えばいつでも辞める権利があります。就業規則に退職日についての定めがない場合、ルール上は、最短で2週間前に退職を申告すれば退職は認められるのです。

とはいえ、退職しても会社との縁がつながる可能性もあるわけですから、波風は立てず、円満な形で退職をするのが理想です。きちんと引き継ぎ期間を作る、また引き継ぎ資料をそろえておくなどの配慮を心掛けてください。

もちろん、優秀な人ほど会社からの強い引き止めがあるでしょうし、心が揺れることもあるでしょう。ただ、自分が強く成長したいと思い、転職先で経験する仕事が成長につながると確信できるのなら、強い気持ちで行動すべきですし、会社も理解してくれるはずです。

逆に言えば、転職によって変化するのが年収だけだとわかった場合は、今の会社に踏みとどまったほうがいいかもしれません。

年収以外にモチベーションを高める要素がない場合、転職した時点ですぐに月収は増えますし、それほど成果が出なくてもしばらくは同じ給与を受け取ることができます。しかし、結果的に、会社にぶら下がる発想で仕事をするようになり、仕事で成果が出せなくなる可能性が高いのです。

やはり、転職にあたっては、スキルが上がり、タグが増えるというのが前提条件です。その上で転職先のビジョンに共感でき、具体的に自分が貢献できるという確信を持てるかがカギとなります。

なお、内定後の問題としては「家族から転職を反対された」というものもあります。特に大企業からベンチャー企業に転職する場合、家族から「そんな会社に入って大丈夫なの？」と心配される話はよく耳にします。

やはり心置きなく仕事をする上では、家族の理解は必要不可欠です。どうしても転職先でやりたい仕事があるのなら、熱意を持って家族を説得すべきでしょう。

本気の熱意が伝われば、よほどのことがない限り、家族も受け入れてくれるはずです。逆に、家族の反対を受けて決意が揺らぐという人は、思いとどまったほうがよいかもしれません。熱量がなければ、転職先での苦労を乗り越えられないからです。

退職の準備、上司への報告、同僚への相談

同僚とのネットワークの維持や、出戻り転職の可能性などを考えれば、退職する会社とは良好な関係を維持するのが理想と言えます。

退職にあたっては、まず引き継ぎ期間をきちんと計画して提案することが重要なポイントです。

そもそも引き継ぎには「ここまでやれば終わり」という限度がありません。そのせいで、社員の引き止め策として引き継ぎを使おうとする上司もいます。上司の求めに従って

綿密な引き継ぎを行っていたら、いつまでも転職できないということにもなりかねません。

そこで重要なのは、冷静に自分の仕事を棚卸しし、最低限必要となる引き継ぎ内容をまとめた上で「ここまで引き継ぎますので、◯カ月後に退職させてください」と提案することです。

自ら準備をしておけば、会社に対して誠意を見せることができます。


上司に退職を報告するタイミングについては、事前に相談するのはお勧めしません。相談するのは、自分自身で決断しきれていないということ。

相談した相手から「いい会社なのに、どうして」「何が不満なの?」などと言われると、どうしても心が揺らぎ、迷いが深まります。

転職はあくまでも自分一人の選択です。上司には腹を決めてから、結論だけを報告しましょう。同僚への相談もケースバイケースですが、情報が漏れるリスクを考えれば、できるだけ限定するべきです。

一方で、第三者的な立場から、仲の良い友人やメンターに転職相談をするのはお勧めです。同じような転職を経験した人からは、懇切なアドバイスをもらえます。そのためにも社外にネットワークを作っておきましょう。

私自身、ヤフーを退職する際は、外資系企業でカントリーマネージャーの職位にある友人に、具体的な働き方などを教えてもらったのを記憶しています。

引き継ぎに際しては、仕事のパートごとに後任者を推薦し、後任者が決定してからは退職までの3カ月間、丁寧な引き継ぎを心掛けました。

面白かったのは、私が抜けたことで、部下2人が執行役員に昇進したことです。

誰か一人が退職すると、残った人が昇格したり、外部から人が入ったりして組織は刺激を受けます。

こういった流動性は、転職がもたらす大きなプラスの要素と言えます。

なお、上司との折り合いが悪くて転職する場合は、上司に報告せず人事部に直接報告することも検討しましょう。難しい場合でも、具体的な転職先を報告する必要はありません。下手に転職先を報告した結果、先回りして転職先に悪評を言いふらす上司がいるという話も聞くので注意してください。

特にブラックな企業から抜け出すときは、「辞める権利を行使する」という強い気持ちで臨むことが大切です。

新しい職場での人間関係づくり、働き方

この章の最後に、転職先の会社での働き方についても触れておきたいと思います。

転職先では、なるべく早いタイミングで小さな成果を出すことが肝心です。ポイントは、小さくてもよいので周りから認められるような具体的な成果を出す、です。

多くの会社では、入社後3カ月間の試用期間が設けられています。それをクリアする意味でも、早めに成果を出しておきたいところです。

早めに成果を出せば、周りの見る目も変わりますし、伸び伸びと持てる力を発揮できるようになるはずです。

成果を出すためにも、わからないことがあれば周囲の人に聞きましょう。

どれだけキャリアを積んで業界知識が豊富であっても、新しく入社した会社のルールや仕事の進め方についてはわからないことだらけ。

ですから、謙虚な気持ちで周りの人の助けを借りるべきです。特に、前述したカルチャーフィットに関しては、同僚や上司のガイダンスを受けながら、しっかり学んでいくこと

が重要です。

最初の1カ月以内であれば、どんな質問をしても「入社したばかりだからね」で済まされますが、入社2カ月後に初歩的な質問をすると「まだそんなことも知らないの？」と思われます。

中途入社の場合、何を聞いても許される期間は限られています。とにかく早めに聞くことが肝心です。

他に、入社直後にやるべきは、直属の上司に「誰と話しておくべきか」を確認することです。

上司は、部下がどういう仕事をするかを把握しています。つまり、その仕事をする上でどの部署と調整が必要なのかを最も理解しています。

ですから、上司の助言を仰ぎつつ、早めに社内ネットワークづくりを進める必要があります。前述したように、特に外資系企業では、最初に社内ネットワークづくりに成功するかどうかが以後の働きやすさを左右します。

私も、リンクトインでは入社直後から海外出張の予定を組み、1on1ミーティングのアポを入れまくり、1日何人もの同僚と会ってネットワークづくりに努めました。

毎回、同じように自己紹介をし続けるのはなかなかハードな体験でしたが、その期間にたくさん有意義なアドバイスをもらうことができました。

とにかく、最初の3カ月が勝負です。

3カ月以内に職場に適応できれば、その後の働きやすさにもつながります。

「転職先で、3カ月以内に適応できた」という経験を一度しておけば、自信がつきます。これによって次の転職のハードルが下がることにもつながります。

第5章まとめ

- 仕事を会社で選ぶことのデメリットは、次の転職の可能性を極端に狭めてしまうところにある。
- 採用する会社側にとっても、働く個人にとっても、カルチャーフィットしない状態は、お互いを破壊的に不幸にさせる。会社のカルチャーが自分に合うかどうかが、シナジーを得るためにも非常に大きな要素となる。
- 決められた役割の中できっちりと仕事をするのが好きな人は大企業向き。これに対して、役割を超えたところで新しい仕事にチャレンジしていたい人はベンチャー向き。

・いいベンチャーを見極めるには、「伸びている市場にトライしている」「投資しているベンチャーキャピタルが信頼できる」「プロダクト」「経営者およびビジョン、ミッションに共感できる」の4つの視点がある。

・キャリアコンサルタントには会社よりも業界のことを聞くべき。個別の会社にばかり目を向けていると、やみくもに採用活動を行っている会社を優先的に教えられることにもなりかねないため。

・面接では、会社から与えられた目標と自ら設定した目標、この2つの目標を達成したという2軸で達成をプレゼンすれば、「できる人」という印象を与えることができる。

第6章

広くゆるいつながりをつくる

「人脈づくり」から
「ネットワークづくり」へ

これまでの転職になかった新しい概念

これからは誰もが4回は転職を経験する時代

これまで日本の新卒学生は、実際に配属されるまで自分がどんな仕事をするのかわからないまま会社に入社していました。

どんな仕事をさせられるかわからないデメリットよりも、雇用の安定や会社のネームバリューといったメリットを重視していたからです。まさに就職ではなく「就社」です。そして、とにかく大企業に入社すれば一生安泰というムードがありました。

しかし、これからはそういきません。もはや上場企業も倒産リスクと無縁ではない時代です。

倒産をしないまでも、海外企業に買収されて一気に労働環境が変わったり、大規模なリストラに直面する可能性は大いに考えられます。

しかも、今は「人生100年時代」と言われています。

企業の平均寿命よりも、個人の労働寿命のほうが長くなっており、新卒で入社した企業で定年を迎えたとして、それ以降も働き続けたいと思ったら、必然的に転職を経験することになるわけです。

今後、一人の人が職業人生において転職を経験する機会は確実に増えていくはずです。

世界的に見ると、アメリカの労働者の平均勤続年数は最も短く4・2年。イギリス8・0年、ドイツ10・7年、フランス11・4年となっており、日本は11・9年（データブック国際労働比較2018より）。

大学を卒業して65歳まで約40年間働くとして、12年刻みで転職していけば、約3・6回転職する計算になります。現状では、1社でキャリアを続ける人と平均以上の転職を繰り返している人に二極化しているのかもしれませんが、いずれは一人が3～4回くらいの転職を経験することが当たり前になると予想しています。

転職した経験がない人は、転職後の働き方をうまく想像できず、転職のリスクを過大評価してしまいがちです。1社に在籍する期間が長くなればなるほど、転職はますます重く感じられるかもしれません。

けれども、これから誰もが当たり前のように、二度、三度……と転職する時代が到来すれば、転職に対する認識は大きく変化するはずです。

例えば私の場合は、たまたま新卒で入社した会社を10カ月で退職したので、転職に過度な恐れを抱かず、冷静に自分のキャリアを考えることができました。

私のように、早いうちに一度転職を経験すれば、転職に対する免疫ができます。免疫がついている人からすれば、実際のところ、転職はそれほど大仰な出来事ではなくなります。

そして、もう一つ転職へのハードルを下げてくれ、転職をサポートしてくれる要素があります。それがネットワークです。

まずは同じ業界の人、近い業界の人からネットワークをつくる

本書では「転職2.0」を実現する上でネットワークづくりが重要であるとお伝えしました。

「ネットワークづくり」というと、一般的には学生時代の同級生や、自分が働いている会社の中など近しい人間関係を深めていくようなイメージがあると思います。

しかし、ここでいうネットワークづくりは、「ゆるいつながりを広範囲に広げていく」行為を意味します。

つながりを広げていく際には、まずは他社で働く同じ業界の人、もしくは関連する業界の人からつながっていくのが望ましいでしょう。こういった人たちとつながることで、自分がやっている仕事を客観視できるだけでなく、自分が働いている会社自体も俯瞰できるからです。

例えば、「競合他社がすでに取り組んでいるのに、自社では取り組んでいない」ことが多ければ、自社の動きが遅れているのがわかります。逆に、他社の話を聞くことによって初めて、自社が先進的な取り組みをしていると知る場合もあるでしょう。

いずれにせよ、ネットワークを通じて得られる情報は、市場の現状を知るための生命線となります。

ある程度、近いところでつながりができたなら、今度は異業種を含めた業界横断でのネットワークづくりにもチャレンジしてみましょう。

この場合は、同じ職種同士でつながるところからスタートするのがよいかもしれません。営業職であれば、まったくかけ離れた、特に興味のない業界の営業職に就いている人とつながってみるのです。

実際に営業職同士でコミュニケーションを取ってみると、セールスのスタイル、値段の付け方、顧客管理の手法など、業界ごとの違いが明らかになります。

「こんな新しくて面白いやり方があったのか！　自分の仕事でも取り入れてみよう」と気づいたり、「こういう環境で自分も仕事をしてみたい」と思ったりする可能性もあります。

実際に、ポジションを固定して異業種への転職を考えたときに、直接話を聞いて業界の内情を確認できるのも大きな利点です。

つまり、ゆるくて広いネットワークは、これからのキャリアアップを考える上では不可欠な要素なのです。

同じポジションで異なる業界にいる人を「メンター」にする

ネットワークの中で「メンター」と呼べるような人を作っておくのはよいことだと思います。特に、同じポジションで異なる業界にいる人、同じ業界で自分が狙っている一つ上のポジションにいる人をメンターにすることには大きな意義があります。

「メンター」といっても、かしこまった師弟関係を意識しなくて大丈夫。「たまに世間話ができる先輩」というくらいの関係で十分です。

私自身、まったく違う業界の人同士がお互いにメンターとして学び合う集まりを設けています。そこでは、自分の業界で話題になっていることをひたすら開示し、情報を交換しています。

業界が違う人の話は非常に新鮮です。私が「今、我々の業界ではこういうアプリが流行っている」といった話をすると、他の業界の人は「いったい何がすごいのだろう」と思いながら聞いている様子が伝わってきます。要するに、あまりピンときていないのです。

逆に、私が彼らの話を聞くと、やはり何がすごいのか、ほとんど理解できません。ただ、こういう縁遠い世界の話を聞く経験が長期的に見るととても役立つのです。

場合によっては、10年くらいたってから「あのとき、あの人が力説していたのは、これだったのか！」と気づくこともあります。

自分とは異なる業界とつながる回路を最初から閉じてしまうのは、もったいない限りです。前述したように、現在は異なる業界同士が結びつくことで、さまざまなイノベーションが起きています。無関係の業界の話を聞くことで刺激を受け、何か新しい仕事に結びつくチャンスがあるのです。


仕事で情報収集する際には、自分でインターネットを調べたり書籍を読んだりすることも重要ですが、現場で働いている人から直接聞けば、効率的に質の高い情報が入手できます。

何か新しいことを学びたいのなら、その業界の人に「何から学べばいいのか」と質問するのが得策です。その筋の専門家から教えてもらえば、圧倒的に学習効率が上がります。

ネットワークづくりは、有意義な情報交換をする上でも有効なのです。

転職のチャンスはネットワークから生まれる

ネットワーク経由で実際に現場で働いている人から得られる一次情報には価値があります。

会社が出すオフィシャルな情報には、基本的に「よく見せよう」というバイアスがかかっています。いい・悪いの問題ではなく、会社は自社をできるだけよく見せようとするものです。

転職先候補となる会社の実像を知ることができるかどうかは、自分が持つネットワークにかかっています。精度が高い情報を入手できれば、転職時のミスマッチは起こりづらくなります。

また、ネットワークがあれば転職のチャンス自体が増えます。

「転職したい」「自分に変化を起こしたい」と思ったとき、自分が持つネットワークに情報を流せば、「それならこういう会社でこういう人を欲しがっていたよ」という話が寄せられる可能性があります。つまり、転職先を紹介してもらえる確率が高まるのです。

実際、私は自分のネットワークの中で、誰かに転職先を紹介する機会を日常的に持っています。特にリンクトインに移籍して以降、アメリカ西海岸と日本の両方にネットワークを持つようになり、日本に進出を検討しているベンチャー企業に、日本1号社員の候補を紹介するような機会が増えました。

私自身、ヘッドハンティングを本業にするつもりはないのですが、何度かリファラルに関わるようになって気づいたことがいくつかあります。

一つは、重要なポジションほど、最初は水面下で採用が進められるということ。会社はまず水面下（つまり推薦や紹介）で人材を確保しようとします。それでも思うような人がいなかった段階になって、初めてオープンな場で募集するのです。

ですから、最も重要な情報を得るためにはネットワークを作っておくことが一番なのです。

社員・経営者とコンタクトを取る方法も

転職先候補の社員とダイレクトでつながる。これはネットワークづくりの一つの方法です。

大企業の中には、会社の方針として転職希望者と社員との接触を禁じている会社もあります。その場合は、ホームページの人事関係を参照するように案内されるでしょうが、個別のコンタクトが取れるケースも少なくないはずです。

具体的にポジションの募集が公開されている場合、SNSを通じて「このポジションに興味があるのですが、詳しく教えてください」と質問してみるのはよいと思います。

あるいは、場合によっては経営者本人とつながることも可能です。

私自身、日常的に転職志望者から直接メッセージをいただく機会がありますし、就活生とやりとりするようなこともあります。

単にSNS上でつながるだけというパターンが多いのですが、中には具体的なアドバイスを求められることもあります。

すべての質問に丁寧に回答できなくても、学生からのメッセージには、果敢なチャレンジ精神を讃える意味も込めて、極力返信を心掛けています。

中には、直接時間を取って面談をする場合もあります。つい先日も、ある会社でインターンをしている学生の相談に乗ったことがありました。

経営者や社員とつながるのを必要以上に恐れなくても大丈夫。

特に学生には、多少の失礼があっても大目に見てもらえるという強みがあります。社会人には前提として「学生とは失礼なもの」という理解があります（単にまだ実務経験がないため知らない、ということを理解しています）。また、自分も学生時代に就職で苦労してきた人が多いので、できるだけ力になりたいという気持ちも持っています。

最低限の礼儀をわきまえ、丁寧に気持ちを伝えれば、よほどのことがない限りメッセージを送って怒られることはありません。

返信がなくても当たり前、というくらいの気持ちでコンタクトを取ればよいのではないでしょうか。

ただし、経営者に対しては、一方的に情報をもらおうとするのではなく、何かしら自分からもバリューを提供することを意識しながらメッセージを送るのがポイントです。

経営者の多くは、若者の意識について知りたいと考えています。若者は次世代の市場の主役となる存在だからです。

私自身、ヤフー時代には特にモバイルに携わっていたこともあり、リサーチを兼ねて若い人と情報交換をする機会を意識的に作っていました。

例えば「自分の周りで最近流行っているアプリ」についてなど、相手の気持ちになって提供できそうな情報を提示した上でコンタクトを取れば、返信がもらえる確率が高まるはずです。

ハッタリでは転職できなくなった時代

すでにネットワークの重要性に気づいている人は、ネットワークづくりを着々と進めています。そうやって皆がネットワークを構築すると、情報の共有が加速し、会社も個人もウソがつけない世界が出来上がります。

それまでは、多少誇張して「自分はすごい能力を持っている」と主張すれば、首尾よく会社に潜り込むことができました。だから、「実際に入社してみたら面接で言っていたのと全然違う」ケースが多発していました。

しかし、現在は、ネットワークを参照すれば、個人が面接で主張していたことのウラが簡単に取れてしまいます。つまり、ハッタリで面接を通過するのが難しくなっているわけです。

逆に、会社側も、いくら転職サイトで自社の魅力をアピールしても、社内に問題があれば、ツイッターなどで内部告発をされる可能性があります。

ですから、「短期間だけ努力して転職に成功すればいい」という発想は捨てましょう。会社も個人も隠し事をせずに、正々堂々と情報を開示することが転職成功の近道となります。

長期的な視点でネットワークを構築し、そのネットワークに継続的に貢献することに注力していきましょう。

ネットワークを使ってキャリアを横展開する

新型コロナウイルスの感染拡大により、私たちを取り巻く環境は大きな変化を経験しました。

例えば、今回のコロナ禍では、旅行業界や飲食業界など、特定の業界が大打撃を被り、倒産や整理解雇などの事例が相次いでいます。

業界全体が危機的な状況にある中で、会社が倒産した場合、同業他社に転職しようと思っても採用の可能性は限りなくゼロに近くなります。

その場合は、自分の経験を横展開し、他業界に転職するという選択肢を考える必要があります。

「横展開」のわかりやすい例としては、新聞記者や編集者といった既存のメディアで働く人が、ウェブメディアやオウンドメディアに移籍して働くケースがあります。編集やライティングのスキルはかなりポータブルなので、IT企業などで活躍するチャンスが多分にあります。

もちろん、自前のスキルだけで簡単に「業界またぎ」ができるとは限りませんから、ある程度はギャップを埋め合わせるための学びと努力が必要になるでしょう。

その業界またぎを助けてくれるのもまた、他業界とのネットワークです。

一つの業界だけでネットワークが完結していると、いざというときに横展開ができません。けれども業界の枠を超えてネットワークを構築しておけば、どの業界に自分のスキルを活かす余地があるのかがわかりますし、ネットワークを通じて転職もしやすいというメリットが生まれるのです。

ネットワークがあれば大胆なキャリアチェンジも可能

私は「今の自分にとっての最適な働き方」を求めて、約10年ごとのスパンで大きなキャリアチェンジを経験してきました。

40代の現在はリンクトインで仕事をしていますが、50代になったらまた別の働き方を模索するかもしれません。

私がおおよそ10年をキャリアの節目としているのは、大きく2つの根拠があります。

一つは、ＩＴの世界でのテクノロジーの大きなトレンドが10〜12年周期で訪れるということ。この周期にうまく乗れれば、常に成長分野で仕事をすることができます。

そしてもう一つは、成果を出すまでの時間です。

私は、転職にあたって大きなテーマを持ち、腰を据えて取り組む働き方をしてきました。例えば、今は経営者として組織を変革する役割を担っているため、私が満足する圧倒的な成果を出すためには最低でも5〜7年くらいの時間を要します。

成果を出してから次のテーマを見据えて移行する時間を考えれば、必然的に約10年のスパンになる計算です。

逆にいうと、大きくキャリアチェンジをする際には、「今後10年を投じる価値はあるか」を考えながらテーマを設定しています。

今後ジョブ型雇用が加速すると、私だけでなく多くの人が自分自身でテーマを設定し、テーマを実現できるかという視点で転職先を選ぶようになるはずです。

もっとも、このように長期的な視点でキャリアを考えることができるのは、ネットワークがあればこそです。ネットワークがあれば大胆なキャリアチェンジも可能となります。会社からキャリアを与えられるのを待つのではなく、主体的にキャリアをつくっていくためにも、今からネットワークづくりを意識して行動していきましょう。

ネットワークづくりがあなたの働き方を180度変える

ネットワークは転職以外にもチャンスをもたらす

仮に転職に失敗したとしても、ネットワークに助けられる機会はたくさんあります。

自分のことをよく知ってもらえていれば「その会社は合わなかったかもしれないけど、だったらこっちに来ないか」というオファーがもらえる可能性はあります。

あるいは、何かのプロジェクトにお呼びがかかったり、副業としてトライアルで仕事をするチャンスが与えられたりすることもあります。まさに「捨てる神あれば拾う神あり」

です。

ちなみに、こうやって本書の執筆を行っているのも、ネットワークの中で声をかけていただいたからです。そもそものきっかけは、編集者の方が、リンクトイン経由でメッセージをくださったことでした。

この編集者の方とは面識がなかったのですが、私のタグをきちんと理解してくれていることがわかったので、具体的に話をしてみたいと思いました。

このように、ネットワークはさまざまなチャンスを生み出す可能性を秘めているのです。

いざというときに救いの手が差し伸べられるかどうかは、自分がどれだけネットワークに貢献してきたかによって決まります。ですから、日常的にネットワークの中で情報提供をしたり、人を結びつけたりしておくことが重要です。

私が、ヘッドハンティングを仕事にしないで無償で行っているのも、言ってみればネットワークへの貢献であり、善徳を積むような感覚で行っています。いつか自分が行き詰まったときの保険になるだろうと信じているのです。

ネットワークがあれば独立の道も選べる

私の周りでは最近、ネットワークを使って会社から独立し、フリーランスになる人が増えてきています。

ネットワーク経由で業務委託形式で仕事をしているうちに、独立して生計が成り立つことがわかった人が、退職するようなケースです。

具体的には、マーケティングやＰＲの仕事を担っている人などが、ポータビリティのあるスキルを活かし、大企業から飛び出して、複数の企業とプロジェクトを掛け持ちしながら仕事をしていたりします。

その過程で売れっ子になった人は、さまざまな企業から受けたオファーの中から、自らプロジェクトを選ぶようになります。単に待遇の良い仕事を受けるだけでなく、個人として実績を作るために報酬は低くてもバズりそうな仕事、ビジョンがしっかりしている仕事を優先させるようにもなります。

企業からすれば「お願いをしても仕事を受けてもらえない」という状況が起きるわけで

す。

私が知るエンジニアの中には、フリーランスのCTO（最高技術責任者）として複数の会社と契約し、技術開発方針の策定に携わっている人がいます。

エンジニアは、いろいろな会社のシステムに好奇心を持っています。複数の会社のシステムを直接見る経験は、自分の引き出しを増やすことにもつながります。

私の知人も、さまざまな知見が得られるのが楽しいと語っていましたし、恵まれた条件で仕事をしているのではないかと思います。

私の知人に限らず、優秀なエンジニアは基本的に引く手あまたです。アプリ開発者などは人手不足なので、1社に縛られずフリーランスとして仕事をしている人が目立ちます。自分のペースで仕事ができるのも魅力ですし、会社員として働くよりも高収入なので、あえて1社で我慢しながら働こうなどとは考えません。

今後、「会社ベース」から「プロジェクトベース」の働き方が一般化していけば、正社員の在り方に変化が生まれる可能性もあります。業務委託という形式で企業の中に入って働く人は、非正規雇用ということもできますし、フリーランスということもできます。

正社員とフリーランスの境界線があいまいになり、どちらでもあるポジションで働く人が増えるかもしれません。すでに、タニタなどでは一部の社員を個人事業主にする取り組みが始まっています。

ただし、現状では、個人事業主化が社会保障費削減の手段として悪用されかねないという問題があります。企業に社会保障費を丸投げするという日本型雇用の前提を維持したまま個人事業主化を進めれば、ずる賢い経営者は必ず悪用に走ります。

この点については、国としてセーフティネットの在り方を再検討する必要があるでしょう。個人事業主になっても安心できる社会保障制度が整えば、雇用の流動性も高まり、個人も安心して働けるようになるはずです。

副業は本業への自信にもつながる

会社から独立しないまでも、ネットワークを使って副業で仕事をする人は増えつつあります。

すでに一部の企業では副業が解禁されており、特定の企業に勤務しながら、副業を通じて新たなキャリアを模索することが可能になってきています。

ヤフーでは私が在籍中に副業が解禁となり、私も部下や後輩の多くに副業へのチャレンジを勧めていました。

デザイナーやウェブエンジニアなどの職種は基本的にどの企業でも人材が不足しています。私も、昔のベンチャー仲間から「誰か週一でもいいから手伝える人を紹介してよ」と頼まれる機会が頻繁にあり、実際に部下を紹介して、仕事をしてもらったケースも何度かあります。まさに、ネットワークの有効活用です。

本業で行き詰まりを感じたり、自信を失いかけたりしている人でも、副業先で自分の実力が認められ、感謝されると急に自信を回復することがあります。

「自分がやってきたことは間違っていなかった」

「会社の外でも自分の働き方は通用するんだ」

と実感できることには大きな意味があります。

私は、副業を経験した部下が急に元気になり、社内でもモチベーション高く仕事をしている姿を何度となく目にしました。自分の能力に自信が持てれば、前向きに仕事に取り組めますし、キャリアアップを考えることもできるようになります。

ネットワークが安心感を生み、やりたいことに踏み出せるようになる

ネットワークを構築しておくことで「失敗しても誰かが骨を拾ってくれるだろう」という安心も手伝い、思い切ってキャリアアップができるようになります。これもネットワークの見逃せない効用と言えます。

自分がやりたい仕事をしていると、人は、もっと大きなチャレンジをしたいと思うようになります。それは現業で新しい仕事に取り組むことかもしれませんし、転職して新たな環境で働くことかもしれません。

チャレンジをして成果が出れば、「できた」という自信が積み重なります。この自信を積み重ねていくことが非常に重要です。自信が積み重なると、より大きなチャレンジへの恐れがなくなります。

自分がやりたい仕事と会社から寄せられる期待が釣り合うようになると、毎日が楽しく

なります。ストレスがなくなり、働くことに充実感が得られるようになります。

私自身、リンクトインに移籍して以降、さまざまなインタビューを受けるなど新たなチャレンジを繰り返した結果、「日経COMEMO」というメディアで公式ライターとしてブログに寄稿するというオファーをいただくことになりました。

私自身、それまでほとんどブログを書いた経験がなく、月5本の寄稿は負担にも感じたのですが、今も毎日ネタ探しに四苦八苦しながら頑張って書き続けています。

ブログへの寄稿という新たなチャレンジをしたことで、初対面の人からも「記事を読んでいます」とお声をいただく機会が増え、非常に張り合いを感じています。

このように、何かにチャレンジして一つのハードルを越えると、「自分はもうちょっとできるのではないか」と思えるようになります。自分の手でハードルを上げられるようになるのです。

ジョブ型雇用が、個人と会社の関係をフラットにする

日本で働く人全員の転職に対する認識がアップデートされると、個人と組織の関係はど

んどんフラットでフェアなものになっていくはずです。

働く人個人に「いつでも転職できる」という意識が芽生えれば、ブラック企業や理不尽な上司の下で働く人は「いつでも辞めて他の会社に移ればいい」と考えるようになります。

実際に、社員が一斉に退職することになったら、組織が崩壊するので会社は困ります。上司は責任を取らなければならなくなるので、組織を運営しようと懸命に努力するようになります。

結果的に、パワハラやセクハラなどが劇的に減少するのではないかと予測しています。

みんなが我慢しなくなれば、組織は健全化し、より風通しがよくなるというポジティブスパイラルに入っていくのです。

今後、日本でジョブ型雇用が導入され、流動性が高まっていけば、会社は従業員のことを真剣に考えるようになり、もっと働きやすい職場が世の中に増えていくでしょう。

さらに個人がネットワークを作り、お互いにサポートし合える関係を作っておけば鬼に金棒です。読者の皆さんには、ぜひネットワークの心強さを実感していただきたいと思います。

第6章まとめ

・これからは一人が3〜4回ほどの転職を経験することが当たり前の時代になる。そのような状況でのネットワークは大きな武器になる。
・つながりを広げていく際には、まずは他社で働く同じ業界の人、もしくは関連する業界の人からつながっていくのが望ましい。
・ネットワークの中で、同じポジションで異なる業界にいる人、同じ業界で自分が狙っている一つ上のポジションにいる人をメンターにすることには大きな意義がある。
・ネットワークがあれば転職のチャンス自体が増える。自分が持つネットワークに情報を流せば、「こういう会社でこういう人を欲しがっていたよ」という話が寄せられる可能性が上がるため。
・業界またぎを助けてくれるのも、またネットワークである。業界の枠を超えてネットワークを構築しておけば、どの業界に自分のスキルを活かす余地があるのかがわかり、ネットワークを通じて転職もしやすいというメリットが生まれる。
・ネットワークは転職以外にもチャンスをもたらす。仮に転職に失敗したとしても、ネットワークに助けられる機会もたくさんある。

第 7 章

転職を
考えることは
人生を考えること

「仕事選びとは何かを妥協するもの」はもう過去の常識

自分の過去の経験や会社を基準にすると、転職に踏み出せない

最終章となるこの章では、これまでも言及してきた「欧米型雇用に近づきつつある日本型雇用の変化」をより深く掘り下げることで、今は我慢しながら働く時代ではないこと、自由に働くことができる時代であることを再確認しておきたいと思います。

「給料がいい代わりに、ハードな仕事を受け入れなければならない」

「やりがいを求めたら、給料やワークライフバランスはあきらめるしかない」

そうやって何かを我慢してしまう理由の一つは、ただ情報を知らないからです。自分の過去の経験や、勤務している会社を基準にすると、漠然と不安や恐怖を感じてしまいます。

特に新卒で会社に入社し、一度も転職経験がない人は「転職で我慢しない働き方が手に入る」と言われても、にわかに信じられないと思います。社内ではある程度仕事ができるという自覚があっても、自分のスキルが他の業界や会社で通用するのかどうか、なかなか自信が持てないものです。

慣れ親しんだ環境を変えて一からやり直すのも大変そう。そんな考えも手伝って、少々我慢しても同じ職場で働き続けたほうがよい、と考える傾向があります。

結婚して子どもができたり、40代に突入したりすると、ますます会社を飛び出すことへのためらいは大きくなっていきます。

比較的大きな企業に勤務する人は、そこそこの給料や手厚い福利厚生などから得られる恩恵を考えると、転職には二の足を踏みがちです。一般的な会社員と比べれば退職金や年金が期待できそうだし、子どもの教育費もかかりそうだし、まだまだ家のローンも残っているし……と考えると、現状維持こそが賢明だと思えてきます。

その気持ちはよくわかります。私も、最初に就職した会社でこの年齢まで働き続けていたら、同じように考えていたと思います。

もちろん、大企業に限らず中小企業でも、何かを我慢しながら、けれども環境を変えて新たな職場で働くことには不安を感じ、モヤモヤしている人がたくさんいると思います。私がキャリアをテーマにした講演会などを行うと、そういった人から相談を受ける機会がよくあります。

その中でよく耳にするのが、例えば、「中堅メーカーで働いているけれども、上の世代の思考が硬直化していて、ネットに理解がないから在宅勤務が全く進まない」といった悩みです。

何が問題となっているのか、どこに我慢しているのかはわかっているけど、なかなか解決がつく問題ではない。転職という選択肢は少し飛躍しすぎている、というイメージで捉えている人がまだまだ多い印象です。

自由に働くか？　70歳までモヤモヤしながら働くか？

ただ、モヤモヤしていても時間は待ってはくれません。

「何となく、このままでいいのかな」と考えているうちに、あっという間に50代に突入して、55歳にもなると、会社によっては役職定年を迎えることになります。

役職定年とは、一定の年齢に達した社員が管理職ラインを外れ、専門職などとして処遇される制度のこと。近年は、人件費の抑制や組織の若返りを目的として大企業を中心に導入されるケースが目立ちます。

役職定年を迎えると、一般的に給与は2〜3割程度下がります。ただ、ここまで来ると「年齢も年齢だし、雇用してもらえるだけありがたい」「無事定年を迎えて、退職金を受け取るまでは乗り切りたい」という意識が芽生え、とにかく波風を立てずに会社員人生を全うしようとする人が増えます。

現在は、２０１３年の改正高年齢者雇用安定法により、希望する人は65歳まで企業が雇用することが義務づけられ、２０２５年には全企業に適用される見込みです。

そして2021年4月、企業は70歳までの就業機会確保が努力義務となりました。「70代まで働けるのなら、多少問題があっても、文句をいわずに今の会社で働き続けよう」というメンタリティの人が増えても不思議ではありません。

でも、70代までモヤモヤしながら働くのはちょっともったいない、と私は思います。もし、自分が働いている会社の外で、自分と同じくらいのスキルを持った人が、もっと楽しく、何かを我慢することなく働いている人がいるのを知ったらどうでしょうか。

多くの人が、単純に情報を知らないだけで、損をしています。「そんな都合のいい会社なんてあるわけない」と決めつけ、最初からあきらめてしまっています。

しかし、単純に年収が同じで、より働きやすい職場があれば、転職したほうがいいに決まっています。まずは、正しい現状を知ってほしいと思います。

なぜアメリカ企業には、我慢しながら働く人がいないのか

日本の職場において多くの人がストレスを感じているものは、大きく次の2つに集約されます。

一つは直属の上司、もしくはチームメイト。要するに、今働いている職場の人間関係が

うまくいっていないということです。

特に、そりが合わない上司のもとで働くのは苦痛です。リクナビNEXTが転職経験者に調査した「退職理由の本音ランキング」によると、1位にランクされたのは「上司・経営者の仕事の仕方が気に入らなかった（23％）」。3位「同僚・先輩・後輩とうまくいかなかった（13％）」とともに、人間関係に対する不満が根強いことがうかがえます。

・部下の話を聞こうとしない
・仕事に関する指示や命令が不明瞭
・評価の在り方やコミュニケーションの取り方が不公平
・根本的に性格が合わない

などなど、不満を感じる上司の下で働き続けるのは大きなストレスです。職場には、上司が一人替わるだけでハッピーになれる人がたくさん存在します。

例えば、雇用の流動性が高いアメリカの場合、上司と反りが合わない社員は、すぐに会社を辞めるか、もしくは上司からクビにされるので、そもそも社員が不満を感じる余地がありません。

一方で日本の場合は解雇規制が厳しいため、上司からすれば、部下を簡単に解雇することはできません。逆に部下のほうも会社側が解雇できないのがわかっているので、反りが合わない上司のもとでは、徹底的に仕事の手を抜いて抵抗することがあります。

そうやってお互いに我慢の耐久レースを続けているケースが珍しくないのです。


そして2つ目は、会社のムダな業務プロセス、社内ルールです。特に大企業にはナンセンスな「謎ルール」が多い傾向があります。

例えば、少し前にハンコの電子化（電子印鑑）の普及について語られる中で、「お辞儀ハンコ」が話題になったことがありました。

「お辞儀ハンコ」とは、稟議書など決裁者が複数必要な書類に印鑑を押印するとき、あたかも部下が上司にお辞儀をしているように、ハンコを左斜めに傾けて押すというビジネスマナー。経験のない人からすればまったく意味不明ですが、一部の金融業界やメーカーなどでは結構重んじられている慣習でもあります。


面白いのは、このローカルな謎ルールにグローバル企業が対応したことです。

「ドキュサイン」という世界ナンバーワンの電子ワークフローツールが、日本向けにバーチャルハンコを押印する機能と、ハンコの角度を変えられる機能を実装したのです。このニュースには驚きましたが、裏返せばそれだけお辞儀ハンコにニーズがあるということです。

「許可証に上司のハンコをもらわなければ外出できない」
「入社3年目まで白いシャツのみ着用可」
「仕事中にはのど飴をなめるのも禁止」

他にも、世の中の会社にはびこる不可解なルールを挙げていけば枚挙にいとまがありません。

「仕事は厳しくてツラいもの」という日本人の思い込み

その合わない上司がいて、理不尽な社内ルールがある。それでも、我慢しながら働き続けてしまうのは、やはり正しい情報を知らないところに一番の要因があるのですが、同時に、仕事にまつわるある種の「思い込み」にも問題がありそうです。

一つ目は、「仕事は厳しくてツライもの」という思い込みです。ツラくて厳しい経験をしたほうがいい、ツライ仕事を乗り越えることに価値があるとする風潮です。もちろん、ツラくて厳しい経験がまったく無意味だとは思いませんが、「自分が我慢しているのだから周りの人も我慢するのが当然」「我慢しないで働く人間が許せない」「逆に周りが我慢して働いているのに自分だけ自由に働くのが後ろめたい」というメンタリティを持ってしまっているとしたら、ちょっと問題です。

そして2つ目は、労働＝時間、つまりアウトプットは時間に比例するという思い込みです。

海外では、ジョブディスクリプションに従って成果を出すことが求められるため、基本的には労働時間が細かく問われることはありません。

例えば、外資系企業の営業職などでは、9カ月間でその年の目標を早々に達成した人が、残りの3カ月をのんびりレジャーをしながら過ごすようなケースがよくあります。合意した目標さえクリアすれば、あとはどう過ごしても自由、という文化が定着しています。

仮に、日本の営業職が同じことをすれば、社内から「あの人はズルい」「自分勝手だ」という声が上がるのではないでしょうか。日本ではまだまだその文化との隔たりがあり、決められた時間は社内にいなければならないという会社が多数派です。

そもそも多くの職種において、やるべき仕事が明文化されていないので、どこまでアウトプットすれば目標達成となるのかがあいまいです。そのため、「とにかく今ある仕事を時間内でやってください」という指示の下で仕事を進めることになります。たまたま上司からたくさんの仕事が降ってきた場合、それを個人で拒否する権利もなく、時間内にこなしきれなくなり、残業をして対応することになります。

会社がトップダウンで命令を下し、社員は命令に従って働くだけ。「そういうものだ」という思い込みがあるので、我慢を続けてしまうわけです。

誰もが転職を切り札にできる時代

しかし、これまで本書で何度も言及してきたように、我慢を前提とする働き方はすでに崩壊しつつあります。もはや我慢をしながら働くのが当たり前という昨日の常識は、今日の非常識になっていると言っても過言ではありません。

変化の一つの理由として挙げられるのが、労働力人口の減少です。

総務省の「労働力調査年報」、国立社会保障・人口問題研究所「日本の将来推計人口」をもとにしたシミュレーションでは、労働力人口（労働の意思と労働可能な能力を持った15歳以上の人）は、２０２０年の約６４００万人から２０５０年には４９００万人程度にまで減少することが見込まれています。

一言で言えば、労働力不足になるということです。

帝国データバンクが発表した「人手不足に対する企業の動向調査」（２０２０年７月）によると、正社員が不足している企業の割合は30・４％。新型コロナウイルスの感染拡大を受け、人手不足の割合が減少しているのは事実ですが、建設や小売り、教育サービスなどの業種で人手不足の傾向が見られます。

長期的に見れば、少子高齢化により、労働力不足が加速するのは間違いありません。

「上司と反りが合わない」が転職理由のトップにあるということは、要するに会社や上司から部下が甘く見られているということです。多少パワハラしたところで、どうせ辞めないだろうと高をくっているのです。社員が我慢を続ける限り、いつまでもパワハラが続く可能性があります。

しかし、パワハラをした瞬間に社員が辞めるとなれば、チームは崩壊します。以前のように「いつでも辞めてくれてOK。お前の代わりはいくらでもいる」という状況であれば、上司は痛くもかゆくもなかったでしょうが、今は状況が違います。

チームが崩壊すれば、上司は管理職としての責任を問われます。だから、部下が転職という切り札を持っていることがわかれば、上司はもっと気をつかって接するようになるはずです。

そうやって、上司と部下の関係、会社と個人の関係がどんどん対等になっていくというわけです。

会社と個人とが対等の関係になりつつある

また、今後の日本では終身雇用制を中心とする日本型雇用も崩壊しつつあります。

改めて確認すると、終身雇用制度とは、基本的には定年まで社員を雇う代わりに、会社に忠誠を誓わせるシステムです。日本では新卒の学生を総合職として採用し、転勤や異動などを通じて多様な仕事を経験させることで、人材を長期的に育成する方法をとってきました。

「総合職」という名の通り、どこでどのような仕事をする場合も、基本的には会社の方針に従うことが前提となります。辞令が出れば、翌月から他県に異動しなければなりません。拒否した場合には解雇されても仕方がないという契約です。

長期的に人材を育成するには、社員が早期退職しないような「仕組み」が必要となります。そこで年齢に応じて一律に昇給する年齢給や、退職時に多額の退職金を受け取れる年功序列型の賃金体系が整備されました。

会社の言うことに従って定年まで勤め上げれば、そのご褒美として手厚い企業年金や退職金が約束されていたわけです。

この日本型雇用が、高度成長期の日本においてうまく機能していたのは事実でしょう。当時は、とにかく作れば売れる時代。ハードな仕事に耐えられる労働力を確保することが企業の成長に直結していたので、労働者が会社に忠誠心を持ちやすい日本型の雇用システムこそが合理的だったのです。

ところが、この日本型雇用制度に労働者をつなぎ留めていた「ご褒美」が今、どんどん縮小されつつあります。

多くの企業で、企業年金の縮小・廃止が検討されるだけでなく、退職金制度も縮小の方向へと向かっています。人生をコミットして会社に忠誠を誓ってきたはずなのに、契約を満了してもまったく報われるところがない。

そうなると、労働者がおとなしく会社の言うことを聞く必要はなくなります。

「来月から転勤してください」
「嫌です」
「では、契約違反ということで解雇しますが、どうしますか？」
「どうぞ解雇してください。どうせ定年になってもいいことがないのだから、転勤しないで働ける仕事を探したほうがマシです」

極端に言えば、そんな会話が成立する状況となっています。もはや企業が退職金や企業年金をエサに、上から目線で社員を縛ることは難しいのです。

個人と会社が対等に会話できるようになると、キャリアの決定権は個人に移行していきます。「自分がどうしたいか」を、社員が自ら考える時代になったということです。

これからは日本でジョブ型雇用が導入される

そして、これからの日本では終身雇用制を中心とする日本型雇用に代わり、ジョブ型雇用が増加していくことが予想されています。

改めて確認すると、ジョブ型雇用とは、職務を明確にして、その職務を遂行できる人材を採用する雇用形態です。中途入社で行われているように、営業職、経理職などの職種を特定して採用する方法です。

ジョブ型雇用は、欧米企業では一般的であり、新卒採用でもこの方式が主流となっています。日本でも、すでに日立製作所や富士通が管理職に導入済みであり、一般社員にも導入を予定しています。

また、ＫＤＤＩや資生堂などの企業もジョブ型雇用を導入する予定であると報道されています。

ジョブ型雇用においては、専門性が重視されるため、年齢を問わず能力のある人が求められます。

日本では、現場での仕事から離れて管理職にならないと給料が上がらない風潮がありますが、特に北米を中心とする欧米社会では、50代、60代でも現役バリバリのプログラマーも珍しくありません。年齢を重ねてもプロフェッショナルとしてキャリアを続け、高い報酬を得ることができるのです。

まずはこういった時代の変化によって、私たちの働き方、キャリアの常識が大きく変わっていることを理解してほしいのです。

改めて問う、あなたは「我慢する働き方」を続けるか？

転職ありきでキャリアを考える時代

今は、「会社にしがみつこうとする個人」と「会社と対等の関係であろうとする個人」とが混在する過渡期にあると思います。

40代以上の中高年は、日本型雇用の崩壊を薄々自覚しながらも、それでも心のどこかで信じようとする傾向があります。ここで転職して一からやり直す苦労をするより、このまま逃げ切りを図って、日本型雇用の最後の恩恵にあずかろうという考え方です。

しかし、20代、30代はそこまで楽観的ではいられません。彼らはクールに現実を受け止めており、転職ありきでキャリアを考えています。

「マイナビ転職動向調査2020年版」によると、正社員の転職率は2016年の3・7％から、2019年には7・0％と伸びており、特に20～30代の若い世代で転職を経験する人が増えています。

個人の実感としても、働く個人の意識が大きく変化しているのを感じます。

例えば、私がヤフーに在籍していたときは、「自分からモバイルの仕事を取り上げたらすぐに辞める」と会社に対して宣言していました。半ば脅しのようですが、そうやってやりたい仕事を続けてきました。

私だけが特別ではなく、IT系にはそういう仕事のやり方をしている人がたくさんいます。例えば、中堅企業で〝ひとりITマネージャー〟のようなポジションにいて、情報システム部を一手に抱えているような人が実際にいます。

その人が辞めると、社内のファイルサーバーなどが全部止まってしまうので、会社としてもある程度その人を尊重せざるを得ないのです。

ヤフーで働くかつての私の部下たちを見ていても、みんな今の環境の中で我慢せずに楽しく働いている様子が伝わってきます。彼らは、コロナ禍で全面的に在宅ワークへと移行し、さらにストレスがなくなって、超快適に働いていると私にも話してくれます。

「いい会社」の基準が変わる

会社と個人の関係が変われば、当然、「いい会社」の条件も変わっていくことでしょう。例えば、働き方改革やダイバーシティを積極的に取り入れ、社員の働きやすさを追求する会社に魅力を感じる人が増えることが予測されます。

今は、いかにITツールを活用して生産性を高められるかが問われている時代です。時間をベースにした労務管理は、ますます時代遅れとなりつつあります。

働き方改革は、そういった流れの下に登場した動きでもあります。

正直に言えば、まだ改革としては初歩的な段階ですが、「残業時間の上限規制」「同一労働、同一賃金」などに関する法整備が進められてきたことは素直に評価すべきです。

今後、働き方改革が進めば、ジョブディスクリプションが定義され、「どんな仕事をすれば給料がもらえるのか」が明確になります。そうすれば、必然的にジョブ型雇用への移行も加速するはずですし、転職もしやすくなるでしょう。

それに伴い、優秀な人材が集まる会社、人材の流出を阻止できない会社への二極化が進む可能性もあります。

特に考えられるのが、女性の転職です。今までは、出産や結婚を機にキャリアを一時中断したり、不本意な形で非正規雇用へと転換させられたりしていた人が、フレキシブルな働き方を認める会社で働くようになるでしょう。

例えば、子育てをしながら在宅でも仕事ができる、週3勤務でも正社員として働ける会社は、アウトプットを重視のスタンスがはっきりしているため、業績も伸びていく可能性があります。

我慢しない働き方を認める会社こそが「いい会社」であり、業績の高い会社でもあるという常識が定着していくのです。

主体的にキャリアをつくる上で重要なこと

同時に、個人の側の意識も大きく変化していくのは間違いありません。何度も繰り返すように、「自分でキャリアを作る」という発想を持った個人が増えていくということです。

主体的にキャリアを構築する上で重要なのは、必要とされるスキルをいかに身につけるかです。今後、ＡＩの導入が加速すれば、仕事の仕方も大きく変化し、働く人は適応を余儀なくされるでしょう。

終身雇用制の崩壊に先立ち、一部の会社ではすでに社員教育の在り方に変化が生じています。これまで特に日本の大企業は、新卒で入社した社員に時間とお金をかけて教育し、戦力に育て上げるのが一般的でした。

社員にとって入社直後の３年間は、会社に提供する価値が少ない中で教育を施してもらえるわけであり、お金をもらいながら学校に通っているようなもの。ハイパーボーナスタイムとも言うべき時間が約束されていたのです。

ところが、現在はすでに多くの企業で新入社員研修の期間が短期化しつつあります。特にコロナ禍の影響もあり、会社には新人に手厚い教育を施すだけの体力を失っています。今後は、入社後２～３カ月で研修を終えると、すぐに現場に投入する方式が一般的になるでしょう。

学びは、社員個人に委ねられることになります。手厚い教育システムというメリットが薄れれば、大企業に入社する魅力も減少します。

日本企業は、若手社員を中心に教育投資を行う反面、40代以降の社員への教育は消極的です。そのせいで、中高年の社員は自ら積極的に学ぶ人と、全く学ばない人に二極化する傾向があります。

学ばない人は、旧態依然とした根性論でマネジメントを行いがちです。しかし、特にアメリカの企業などでは、マネジメントの手法も非常に進化しています。

部下との会話の仕方など、実践的なコミュニケーション手法を学ぶ機会がたくさん設けられており、マネージャーに対して科学的なアプローチに基づいた研修を行っています。こういった企業とグローバルで競争していくためには、やはり最新の情報に触れ、学び続ける必要があるのです。

常に学びを続け、新しい能力を身につけられる人は、転職先でもうまく仕事ができるはずです。

強い個性はいらない

読者の中には「個が強くなってきた」と言っても、それは一部の強者の話ではないかと思われる方がいるかもしれません。

しかし、強い個性や圧倒的な実績がなければ転職できないというのは誤解です。

そもそも、チームの中で、強力な個性や圧倒的な実績を持つ人は一人もいれば十分です。仮にチームの全員が個性の強い人間だったら、チームは回らなくなります。野球チームに「エースで4番」タイプを9人そろえれば必ず勝てるわけではないというのと同じ理屈です。

人にはそれぞれ自分に合ったポジションがあります。ピッチャー向きの人もいれば、キャッチャー向き、内野手、外野手向きの人もいて、それぞれがお互いを補完し合っているからこそ、チームとして成果を出すことができるわけです。

大切なのは、自分自身の個としてのタイプを知ることです。

私は、よく「0から1の事業開発が得意」「経営者タイプ」と評されることが多いのですが、自分の認識とは大きく異なります。

実を言うと、私は完全なゼロイチは苦手であり、0・1を10や100にするのが得意な人間です。その自覚もあったため、突飛なアイデアを出したり、イノベーティブな発明ができる人と意図的に組んで仕事をしてきました。

学生時代の電脳隊でも、川邊健太郎（Zホールディングス株式会社代表取締役社長CEO）や田中祐介（ヤフー株式会社執行役員）といったゼロイチが得意な人たちが発想したアイデアを事業化することに自分の役割を見いだしていましたし、ヤフーでも同様なポジションでたくさんのプロジェクトを手がけてきました。

要するに、チームの中で自分のポジションを見つけ出せることができれば、どんな人にも活躍の余地はあるということです。

特別なスキルもいらない

仕事とは、突き詰めれば需要と供給の関係で成り立つものです。

そのときの自分が発揮できる能力と、顧客のニーズが合致すれば、どんな仕事だって成立しますし、お金を得ることは可能です。

例えば、今は「稼げる副業」についてあれこれ語られています。メディアで紹介されるのは、派手で格好いい仕事ばかりです。

しかし、何も大げさに考える必要はありません。

隣の家に住む腰の具合の悪いおばあちゃんに代わって、休日に庭の草むしりを手伝ったとすれば、おそらく1日1万円くらいのお金はもらえると思います。

あるいは、近所づきあいが上手な人であれば、近所のお年寄りの家を回って、電球の取り替えや買い物の代行、散歩の付き添いといった細かい仕事を請け負っていけば、毎月10万円くらいの収入が得られる可能性だってあります。

特別なスキルがなければ、お金にならないというのは、ただの思い込みです。

仮に自分が機器の操作に疎く、会社ではIT弱者と見なされていても、スマホ初心者のおじいちゃんにLINEの使い方を教えるだけで、お金をいただけるかもしれないのです。

あくまで仕事は需要と供給で成り立つのであり、スキルの高低はまた別の話なのです。

別に高齢者向けの副業を勧めるわけではないのですが、そのくらい仕事を柔軟に捉えてほしいのです。

私の場合、今は「経営者」という仕事が社会にとって最もインパクトが大きく、経営者であることで良い待遇が得られる状況にあります。

一方で、経営者ほどの待遇でなくても、例えばスキーを教えたり、ドラムを教えたりすることでもお金は稼げると考えています。その仕事が楽しければ、そこそこの収入で楽しくやっていくのもアリだと思っています。

人の職業観は、一生を通して不変ではなく、むしろ振り子のように振れているものだと思います。目一杯働きたいときもあれば、徹底的にサボりたいときもある。これが普通の人の感覚であり、振り幅の中でどうバランスを取っていくかが人生のテーマではないでしょうか。

例えば、子どもが小さい頃は仕事をセーブして子育てに集中し、ある程度子どもに手がかからなくなったら仕事に全力を注ぐ。そういう働き方の選択肢を自分で持つということが理想です。

自分のフィーリングを尊重しながら、その時々で最善の選択をしていくことが、健康的に楽しく生きていく秘訣です。

ここまで本書を読んで転職をするのも自由ですし、しないのも自由です。

ただ、読者の皆さんには自分で選択をして悔いのないキャリアを歩んでいただきたいと強く願っています。

第7章まとめ

・日本人ならではの〝思い込み〟が我慢しながら働く原因となっている。一つ目は、「仕事は厳しくてツラいもの」という思い込み。もう一つは労働＝時間、つまりアウトプットは時間に比例するという思い込み。
・しかし、労働人口の減少と終身雇用の崩壊により会社と個人とが対等の関係になることで、我慢を前提とする働き方はすでに崩壊しつつある。そのような中、今は、「会社にしがみつこうとする個人」と「会社と対等の関係であろうとする個人」とが混在する過渡期にある。
・会社と個人の関係が変われば、当然、「いい会社」の条件も変わり、我慢しない働き方を認める会社こそが「いい会社」であり、業績の高い会社でもあるという常識が定着していく。

・同時に、個人の側の意識も大きく変化していき、「自分でキャリアを作る」という発想を持った個人が増えていく。
・主体的にキャリアを構築する上で重要なのは、必要とされるスキルをいかに身につけるかである。
・「個が強くなってきた」というと一部の強者の話ではないかと思われがちだが、強い個性や圧倒的な実績がなければ転職できないというのは誤解。チームの中で自分のポジションを見つけ出せることができれば、どんな人でも活躍できる。

おわりに

転職をポジティブに考える

ここまで転職を巡る新たな価値観や考え方について、さまざまな角度からあれこれお話ししてきました。本書をしめくくるにあたって、私が最後にもう一度強調したいのは、転職をポジティブに捉えることの大切さです。

繰り返しになりますが、転職を巡る日本の課題は、実際に行動に至るまでのハードルが異常に高いところにあります。しかもそのハードルは、法的な規制や罰則に基づく物理的なハードルではなく、個々人の内面に存在する心理的なハードルです。

「100%転職すると決めたわけじゃないのに、気軽に面接を受けてみるなんて、その会社に失礼ではないか」

「もっと良い条件を求めて転職するのは、今の会社への裏切りじゃないのか」

そういった後ろめたい感情は、呪縛以外の何ものでもありません。

「会社があっての自分」という価値観は、高度経済成長の時代に作られた共同幻想であり、いまだに多くの人がこの呪縛に囚われています。

今は、終身雇用が崩壊しつつあり、キャリアの責任が個人に委ねられています。つまり誰もキャリアの責任を取ってはくれません。それなのに、「転職は後ろめたいもの」という呪縛だけが残っているのは、個人にとってあまりにもアンフェアな状況です。

私は、もっと多くの人が、カジュアルに、どんどんワンクリックで転職活動をするような時代が来ることを期待しています。

個人が市場に足を踏み出すことで、さまざまなフィードバックを得ることができます。そのフィードバックは職業人として成長する上で貴重な情報となります。

市場で通用すると思えば、積極的に新天地でチャレンジすべきですし、通用しないとわかれば自分を磨く努力をすればよいのです。

働く人がポジションを意識し、目標を設定するようになれば、現職での働き方も変わってきます。

「複雑な社内政治の中で、上司にゴマをすって出世する」といった非生産的な努力をやめ、市場価値を高めるための努力をすれば、自ずと現職でも大きな成果を出せるようになるはずです。

つまり、転職に対するハードルが下がれば、巡り巡って日本全体の生産性も上がるのではないかと思っているのです。


転職をして、やりがいのある仕事に取り組み、我慢をしない働き方を実現した経験は大きな自信となります。

一度でも、そういった成功体験をしておけば、次の転職に対しても不安や恐れがなくなります。自信を持って自分のキャリアを選択することができるようにもなります。

また、仮に一度の転職に失敗しても、しっかりとしたネットワークがあれば容易にリカバーできます。

その意味では、できれば30代までに一度は転職を経験してみるのをお勧めします。早めに転職を経験すれば、「案ずるより産むが易し」というのが肌感覚で理解できるはずです。

ちなみに、今の私はリンクトイン日本代表としての現在の仕事が天職であると思っているわけではありません。

いまだに「やっぱりエアラインパイロットが一番合っていたんじゃないか」と夢想するときもあります（実は新卒のときにパイロットになりたくてＪＡＬの採用試験を受けた経験があるのです）。新しいアップデートが配信された「マイクロソフトフライトシミュレーター」を操作しているとき、ふとそう感じる瞬間があります……。

そもそも天職というのは、ただの幻想です。もしくは、その時々で変化する可能性がある、流動的なものです。私たちができるのは、限られた人生の中で、より納得できる仕事を選び、取り組むということだけ。

私自身、現職には満足していますし、まだまだチャレンジしたいことはあります。ただ、もっと相応しい役職や仕事があれば、いつでも飛び込む準備はできています。少なくとも、可能性の扉は常に開放したいと思っています。

この度、初のビジネス書を執筆するという新たなチャレンジをしました。実は企画が始まったのは２０２０年４月。新型コロナウイルスの影響による緊急事態宣言の真っ只中に、直接面識のない編集者の方からいただいた、1通のリンクトインメッセージがきっかけでした。まさに本書でも説明している「ネットワークづくり」が機会を呼び込み、シナジーを発揮した結果が本書です。

現在（2020年12月）に至るまで、一度も対面できないという難しい環境の中でも、自身の考えを形にできたことを嬉しく思います。この内容は自身の経験だけではなく、これまで関係しているすべての会社、示唆やインスピレーションをくださるメンターや友人の皆さんによって出来上がっています。心から感謝申し上げます。

特に、SBクリエイティブ編集者の水早將さんには機会をいただいたところから繰り返しリモートでディスカッションし、粘土細工のように構成を作っていきました。そして渡辺稔大さんに言語化をお願いし、客観的に振り返りながらブラッシュアップすることができました。20年来の業界の先輩であり、また書籍においても多大な成果を出している尾原和啓さんには企画段階からメンターとしてアドバイスをいただきました。また、長年のスーパーアシスタント金井由香里さんには、本書執筆にあたり多くのサポートをいただきました。この場を借りて御礼申し上げたいと思います。

あなたにもぜひ常に新しい働き方、より楽しい働き方に対して、心を開いた状態で仕事をしていただければと思います。
あなたが素晴らしいキャリアを歩まれることを心から願っています。

２０２１年４月

リンクトイン日本代表　村上臣

巻末付録 タグ分類表

第2章「分解1 レジュメを更新せよ」(P.88)、
第3章「自己の希少性を高めるタグの掛け合わせ方」(P.117)で使用。
自分のタグを明確にし、さらにタグ同士を掛け合わせることで、
自分の「希少価値＝市場価値」を把握し、高めることができる。

1 **ポジション** に紐づくタグ	プロジェクトマネジメント、商品開発、新規事業開発、法人営業、カスタマーサクセス、生産管理、エンジニア、ITコンサルタント、ビジネスアナリスト、システムアナリスト、ソフトウェア開発者、プログラマー、システム管理、マーケットリサーチャー、WEBマーケター、プロモーションマネージャー、プロダクトマネージャー、ブランドマネージャー、広報担当、IR、販売員、営業事務、証券アナリスト、経理担当、人事担当
2 **スキル** に紐づくタグ	UI/UXデザイン、英語、データ分析、プログラミング、マーケティングスキル、簿記、会計、Office、統計分析、チャネルマーケティング、プロダクトマーケティング、コーポレートガバナンス、内部統制、財務、法律、ライティング、動画制作、その他資格等

3 **業種**に紐づくタグ	IT、情報通信、コンサルティング、運送、製造、不動産、土木、建設、飲食、サービス、金融、銀行、証券、保険、教育、小売り、卸売り、医療、介護、福祉、メディア、食料品、繊維・アパレル、化学、鉄鋼、機械
4 **経験**に紐づくタグ	海外駐在、特殊な顧客への営業(MRなど)、経営・マネジメント、リーダー、マネージャー、新規営業、既存営業、中小企業相手、BtoC、BtoB、スタートアップ、転職、転勤、異動、昇進、その他1や2と関連して課題解決のためにどう行動したのかというプロセスに紐づくもの
5 **コンピテンシー**に紐づくタグ	コミュニケーション能力、誠実性、ルール順守、マナー、チームワーク、共感力、継続力、創造的能力、情報収集、成長意欲、状況把握、自己客観視、企画提案力、主体性、タフさ、ストレスコントロール、柔軟性、異文化理解、プレゼン力、動機付け(チームをやる気にさせる)、目標達成、問題分析、問題解決、改善思考、傾聴力、プロフィット(コスト意識を持っている)、計画力、進捗管理、人材育成、指導、目標設定、人的ネットワーキング、戦略策定、達成思考、影響力、リーダーシップ、フォロワーシップ、概念的思考、分析的思考、自信、組織コミットメント

［著者］ **村上 臣**（むらかみ・しん）

LinkedIn（リンクトイン）日本代表
青山学院大学理工学部物理学科卒業。大学在学中に現・ヤフー CEO 川邊健太郎らとともに有限会社電脳隊を設立。日本のインターネット普及に貢献する。2000 年にその後統合したピー・アイ・エムとヤフーの合併に伴いヤフーに入社。2011 年に一度ヤフーを退職。

その後、孫正義が後継者育成のために始めた「ソフトバンクアカデミア」で、ヤフーの経営体制の問題点を指摘したことを機に、当時社長の宮坂学など新しい経営陣に口説かれ、2012 年にヤフーへ出戻る。弱冠 36 歳でヤフーの執行役員兼 CMO に就任。600 人の部下を率い、「爆速経営」に寄与した。

2017 年 11 月、米国・人材系ビジネスの最前線企業・LinkedIn（リンクトイン）の日本代表に就任。欧米型の雇用に近づきつつあるこれからの日本において、ビジネスパーソンが生き抜くための「最先端のキャリア・働き方の情報」を日本に届けることを個人のミッションとする。

国内外の雇用事情に精通した「キャリアのプロ」として、NewsPicks アカデミア講師を務めるなどメディアにも多数登場し、転職や働き方について発信している。

複数のスタートアップ企業で戦略・技術顧問も務める。

転職《てんしょく》2.0

日本人のキャリアの新・ルール

2021 年 4 月 3 日　初版第 1 刷発行
2024 年 6 月 2 日　初版第 10 刷発行

著　者――――村上 臣
発行者――――出井貴完
発行所――――SBクリエイティブ株式会社
〒 105-0001　東京都港区虎ノ門 2-2-1
装丁――――井上 新八
編集協力――――渡辺 稔大
DTP――――株式会社 RUHIA
編集担当――――水早 將
印刷・製本――――中央精版印刷株式会社

本書のご感想・ご意見をQRコード、
URLよりお寄せください
https://isbn2.sbcr.jp/08033/

ISBN978-4-8156-0803-3